Amadou N'Golo Coulibaly

La citation selon la situation Tome VI

Amadou N'Golo Coulibaly

La citation selon la situation Tome VI

La citation selon la situation est une compilation de citations thématiques basées sur la réalité sociale

Éditions Vie

Imprint
Any brand names and product names mentioned in this book are subject to trademark, brand or patent protection and are trademarks or registered trademarks of their respective holders. The use of brand names, product names, common names, trade names, product descriptions etc. even without a particular marking in this work is in no way to be construed to mean that such names may be regarded as unrestricted in respect of trademark and brand protection legislation and could thus be used by anyone.

Cover image: www.ingimage.com

Publisher:
Éditions Vie
is a trademark of
Dodo Books Indian Ocean Ltd. and OmniScriptum S.R.L publishing group

120 High Road, East Finchley, London, N2 9ED, United Kingdom
Str. Armeneasca 28/1, office 1, Chisinau MD-2012, Republic of Moldova, Europe
Printed at: see last page
ISBN: 978-613-9-59465-8

La citation selon la situation

Tome VI

Livre de citations thématiques conçu par Amadou N'Golo Coulibaly

Sociologue, penseur, activiste.

Téléphone : +22379186226 /+22362719431

E-MAIL : amadoucoulibalibaly@gmail.com

AUTEUR : Amadou N'Golo Coulibaly

Avant-propos

Le présent ouvrage intitulé la citation selon la situation Tome VI est conçu pour répondre au besoin de consolidation de la condition de vie humaine dans la société en s'appuyant fondamentalement sur la compréhension matérielle et immatérielle de l'implication de l'individu dans le temps et l'espace dans le souci de garantir son intérêt vital. La marge de l'adage se compose d'un ensemble thématique de citations reparties selon les différentes circonstances de la vie sociale allant de la connaissance à l'ignorance passant par l'intelligence et l'inintelligence en somme le présent œuvre contribue de façon à ce que la lumière soit faite au mieux sur l'existence humaine tout en dissociant le bien du mal en vue d'apporter à l'individu ce qui lui convient à la différence de ce qui ne l'est pas dans la période comprise entre la vie et la mort nous reconnaissons dans ce sens la dimension philosophique hautement idéologique à laquelle se réfère le contenu du document en question qui est destinée à faire un diagnostic éclairé de l'engagement de l'individu à travers le jugement propre à celui-ci sur la société de même que son fonctionnement en plus d'une détermination plus éclairée de celle de la société ainsi que son impact sur ce dernier dans un troisième lieu la marge de l'adage cherche à situer la place de la réalité entre la perception que nous faisions les uns des autres ; par rapport au processus de recherche d'acquisition de même que de la préservation de nos intérêts dans une dimension contradictoire des idées, de philosophies diverses qui nous animent nous humains de façon évolutive selon les différentes circonstances de la vie. La nécessité d'apporter permanemment une réponse adéquate, précise à la préoccupation dont rencontre l'humain est celle qui traduit également le but que se fixe la marge de l'adage dans une ambition littéraire de pénétrer dans la profondeur des problèmes sociaux qui traduisissent en somme la solution et le problème dans la représentation temporaire et circonstancielle de la philosophie humaine il s'agit de susciter chez l'humain le goût de l'apprentissage de l'autoformation à travers des interrogations détaillées susceptibles de soulever l'appétit intellectuel favorable de même que de la consolider pour promouvoir la réussite de ce dernier. À travers la méthodologie philosophique qu'use la marge de l'adage, le rôle de la connaissance est central par rapport à la dissociation de la productivité de l'improductivité de la pensée humaine dans la société en complicité ou en adversité avec la raison, en se voulant une contribution sérieuse non pas une appréciation sans reproche de l'orientation de la philosophie ambitieuse la marge de l'adage incite toujours à suivre le gage de l'instruction constante pour mieux favoriser la stabilité de l'existence générale en appelant l'ensemble à s'impliquer fortement afin de promouvoir l'équilibre général à grande échelle justement c'est derrière un souci éclairé de l'élargissement du capital intellectuel humain que la marge de l'adage s'engage en termes de contribution généreuse faire comprendre par l'individu que seul le jugement de la raison prime en vue de s'assurer le bonheur existentiel si toutefois il a foi en l'objectivité méthodologique comme la finalité de la réussite lucide de même rappelle toujours l'impérieuse nécessité de s'adonner constamment à la recherche de la connaissance pour l'éternité.

CHAPITRE I

TITRE DE NIVEAU I

L'individu et l'imagination dans la société : La connaissance et l'ignorance, le problème et la solution, l'intelligence et l'inintelligence, l'imagination et la compréhension, la paix et la guerre, la vérité et le mensonge, le bien et le mal, le travail et le chômage.

TITRE DE NIVEAU II

L'individu et l'imagination dans la société : Le temps la nature et l'espace, le bonheur et le malheur ; la justice et l'injustice, la compétence et l'incompétence, l'engagement et le désengagement, la réussite et l'échec, la souffrance et la jouissance.

TABLES DE MATIERES

CHAPITRE I

TITRE DE NIVEAU I

La connaissance et l'ignorance

« Rien ne remplace l'importance de la connaissance dans la mesure où la connaissance n'est pas rien » (L'ignorance n'a aucun rôle égal à celui de la connaissance voilà pourquoi elle est incontournable pour la chose raisonnable). « Là où la connaissance s'oppose à l'abondance c'est que l'ignorance est mal située : la connaissance qui n'a pas vocation à promouvoir la raison est une ignorance déguisée » (La connaissance se démarque par la raison). « Tout ce que l'apprentissage exige en premier et en dernier c'est bien être sage » (La sagesse est l'élément moteur de l'instruction). « Il n'est pas étonnant que celui qui ignore la cause de la connaissance mettent la connaissance en cause car que peut-on promouvoir sans savoir aucun à part rien ? » (La promotion de la connaissance ne se fait pas la tête vide donc ce n'est pas à partir de l'ignorance que nous soutenions la connaissance). « Il suffit de bien comprendre le problème pour se rendre compte que la connaissance n'a aucunement pas vocation à créer des ennuis quand on en fait bon usage » (La connaissance vient en aide à celui qui en fait bon usage ainsi au lieu de nous créer des ennuis plutôt elle nous aide à les résoudre). « On ne peut pas tout limiter à sa connaissance sans pour autant être fortement limité dans la conscience : seul celui qui connait peu de quelque chose pense tout connaitre sur tout » (L'humilité dans le comportement accompagne la réussite de l'apprentissage). « Derrière chaque marque d'évidence il y a bien une remarque de la connaissance » (L'évidence marque la connaissance ; l'objectivité dans la démarche). « Vivant on a bien de choses à connaitre, on aura toujours beaucoup de choses à connaitre peu importe notre bagage intellectuel c'est cela que signifie notre humanité, la connaissance en tout la connaissance de tout et la connaissance partout revient à pas de connaissance du tout » (L'individu limité ne peut pas avoir la connaissance dans tous les domaines cette prétention expose à nu son ignorance profonde). « Pour nous quand la connaissance exprime un danger absolu, c'est que nous sommes un ignorant convaincu » (La connaissance ne peut pas être un danger pour nous sans qu'on ne la façonne ainsi, l'orientation à de fins positives ou négatives de la connaissance dépend de la volonté souveraine de l'individu). « C'est convaincu que l'ignorance arrive à convaincre à l'instar de la connaissance qu'on n'est pas connaisseur en se faisant uniquement penseur étant donné que positive ou négative la pensée se présente » (La connaissance demande outre de penser, de raisonner lorsque nous la voulons objective). « S'agissant l'objectif de la connaissance pauvre humain limité, mon objectif n'est pas de tout connaitre de tout mais plutôt de connaitre assez surtout » (Connaitre sa limite est une objectivité qui soutient le bon fonctionnement de l'apprentissage de l'individu). « Nul doute qu'il y a l'encrage dans l'apprentissage » (L'apprentissage nous situe un virage de la connaissance à suivre, à adopter en vue de se former solidement par rapport à la notion apprise). « La science de la connaissance c'est bien la science de l'existence : de la manière où elle se présente à nous que sera l'existence sans connaissance aucune si ce n'est rien ? » (L'existence de la manière dont nous la percevons se présente sous le sceau de la connaissance). « Il faut nécessairement prendre la connaissance au sérieux pour comprendre le mécanisme de l'apprentissage ; cela se dessine dans la structure de l'objectivité : sans quoi la connaissance est non-sens c'est le bon sens, la démarche de l'ouverture qui nous conduit à la connaissance sûre » (Le bon sens est bien la démarche certaine qui nous permet de faire la lumière sur la connaissance quelle qu'elle soit). « Il faut aimer la connaissance juste une question de se faciliter l'apprentissage étant donné qu'on ne se lasse pas de la compagnie de ce qu'on aime » (L'amour de la connaissance permet à l'humain de se faciliter l'apprentissage). « Il faut nécessairement s'en tenir à la connaissance pour pouvoir s'abstenir de l'ignorance dans la mesure où on se trouve librement en possibilité de faire le bon choix quand on n'ignore pas le mauvais » (La connaissance n'a autre vocation qu'éclairer la lanterne de l'apprenant en cela la différence doit-être bien réelle entre la précision et l'illusion quand l'objectivité nous permet de connaitre). « Je n'ai connaissance de rien qui puisse réduire la connaissance en rien voilà pourquoi n'est pas savant qui le veut » (La connaissance signifie certainement quelque chose sur quoi on peut compter ce qui justifie la démarche objective qui nous conduit à sa découverte). « Peu importe notre détermination à mieux connaitre on mourra curieux de la connaissance, la curiosité n'aura pas raison de la curiosité de connaitre chez l'humain limité » (Il est important de s'engager pour apprendre cependant malgré notre engagement pour apprendre nous ne pourrons pas rester sans curiosité de connaitre aucunement car nous sommes imparfaits). « C'est parce que la gloire n'est pas faite pour les hommes faibles je comprends pourquoi on n'abandonne pas pour triompher : plaise à Dieu si nécessaire quoi qu'il arrive j'arrive telle doit-être la philosophie selon laquelle doit s'élaborer le mental de l'ambitieux zélé en toute connaissance de cause » (L'individu doit en toute connaissance de cause se donner le courage à la hauteur de son ambition en vue de réussir devant les défis de tous les niveaux). « On affrontera toujours l'enjeu de la connaissance tant qu'on sera motivé contre le danger de l'ignorance » (L'individu qui se motive à jamais contre l'ignorance doit effectivement faire face à l'enjeu de la connaissance afin de s'éclairer). « Préoccupes-toi pour la cause de la vérité en premier ainsi plaise à Dieu tu ne seras pas le dernier à promouvoir la cause du savoir : sans nul doute qui voit juste sait bien » (Le savoir s'incarne nettement dans la cause juste). « Il faut savoir se préoccuper pour répondre à la préoccupation de l'ignorance » (L'individu qui sait logiquement se préoccuper, répond à la préoccupation de l'ignorance). « L'amour de la connaissance confirme le concours de l'excellence, pour toute manifestation ingénieuse nul doute qu'il y a une invention objective » (L'amour et la maitrise du savoir confirment l'excellence par rapport à un domaine précis). « Si mon souci n'est pas de me préoccuper pour qui je ne suis pas c'est que je suis conscient que je n'ai rien à perdre en étant moi, même c'est aussi et surtout la marque du savoir nous forger le caractère exemplaire à s'accepter comme nous sommes et non pas comme on veut que nous soyons sans que cela ne nous profite » (La connaissance vient en aide à l'individu soucieux du développement personnel). « Quand le souci de la connaissance ne fait pas parti de nos soucis c'est qu'on est en partie responsable de ses soucis ; alors quoi résoudre sans savoir ? » (La connaissance fait nettement partie du souci de celui qui se soucie consciemment).

Le problème et la solution

« Le souci est bien une réalité pour celui qui est en vie, on ne peut pas ne pas parler de vie sans pour autant se référer au souci » (La vie n'est pas sans souci pour l'individu). « Il n'y a rien de pareil à la précision qui puisse servir de leçon et de solution au vivant » (La précision seule sert l'humain pour toute sa vie). « Ce n'est pas étonnant du tout que celui qui est convaincu par la négativité puisse voir le problème partout : c'est bien faire le travail de l'échec que de penser qu'on n'arrivera jamais ! » (L'individu qui pense qu'il ne s'épanouira jamais fait bien le travail de l'échec). « Le bon chercheur n'est pas celui qui cherche les problèmes ni celui qui se cherche des problèmes mais celui qui se situe sur le problème de la recherche » (La solution du problème est dans la démarche précise du chercheur éclairé). « Autrement qu'évidemment conçue la solution est une illusion » (La solution se situe exclusivement dans la précision). « S'il nous faut la solution c'est qu'être faux n'est pas la solution » (La solution ne se situe nullement pas dans la fausseté de la conduite humaine). « Celui qui pense avoir la solution a tous les problèmes se fera avoir par le problème sans aucune solution : nullement l'humilité n'est pas synonyme de nullité » (La sagesse est l'assise sur laquelle nous posons les vrais diagnostics de nos problèmes puis cheminons vers la réalisation de solutions efficaces). « S'intéresser à la solution pour se désintéresser de la précision ; c'est décoller pour ne pas arriver » (Il est bien contre-productif de penser pouvoir solutionner un problème sans passer par la démarche précise, recommandée pour sa résolution). « A ne pas confondre sa solution avec la solution dans la mesure où se faire une idée sur l'idée ne veut forcément pas dire qu'on a bien saisi l'idée, ne pas de ce fait accepter de changer son fusil d'épaule quand il le faut c'est s'éloigner davantage de la réalité » (La réalité nous éclaire davantage par rapport à la solution éclairée). « On n'est pas sans savoir, qu'il n'est pas question de solution sans savoir aucun ; sans quoi la solution n'est pas c'est bien la précision et ce à quoi la précision est conditionnée c'est la vérité » (La vérité conditionne la démarche objective). « Le problème est dans la tête de celui qui limite toute la solution à sa tête » (Le problème nous menace profondément quand on limite toute la solution à sa tête). « Quand on mesure l'importance de l'enjeu on a tort de ne pas avoir en tête le problème qui risque de nous coûter la vie » (Il est bien important de prendre au sérieux le problème qui risque de nous coûter notre vie quand on prend le problème au sérieux). « Tant qu'on refuse d'être raisonnable aucune solution n'est envisageable » (L'individu qui refuse d'être raisonnable ne peut envisager aucune solution responsable, durable). « Quand on est contre la solution alors pourquoi ne serons-nous pas contré par la solution : quand on se met à travers le chemin de la réalité sans doute qu'elle nous dépassera » (Le comportement qui consiste à renforcer le problème nous maintient dans le déraisonnement). « Quand on dit oui à la solution, la condition c'est la précision » (La précision est la condition sine qua non pour atteindre la solution). « Il faut toujours chercher à comprendre le problème que vous souhaitiez solutionner : résoudre d'accord mais résoudre d'abord » (La compréhension passe par la résolution de la précision). « Il faut tâcher à ne pas être un problème à résoudre quand on souhaite résoudre le problème : situons notre responsabilité dans le problème que nous souhaitions résoudre sinon nous compromettons notre solution d'arrivée » (Nous compromettons notre chance d'arriver à la solution en ne situant pas notre part de responsabilité dans le problème que nous vivions).

L'intelligence et l'inintelligence

« Le jour où la connaissance ne serait pas différente de l'ignorance on pourrait se contenter de rien pour vibrer l'intelligence » (L'intelligence ne sera jamais l'égale l'inintelligence aussi longtemps que la connaissance ne sera pas l'égale de l'ignorance). « C'est bien la marque de l'homme intelligent se faire remarquer par la connaissance comme référence » (L'intelligence ne se passe pas de la référence de la connaissance). « Mieux que la parole l'intelligence se confirme dans le rôle » (L'intelligence se confirme bien à travers le rôle de l'individu mieux que la simple parole). « On n'arrivera pas à construire l'intelligence partout où nous refusons de promouvoir la connaissance car l'intelligence et la connaissance vont de pair » (Construire l'intelligence c'est promouvoir la connaissance). « C'est parce que ce n'est pas intelligent de se tromper que le trompeur vive ignorant). « Ce qui ne nous trompe pas chez l'intelligent est que l'ignorance ne lui trompe pas » (L'intelligent se retrouve à partir de la dynamique de la connaissance). « L'intelligence peut faire défaut chez l'individu oui d'accord cependant il n'y a pas de défaut dans l'intelligence comme il faut » (L'intelligence ne renferme pas de défaut même si nous pouvons souvent en manquer, nous humains imparfaits). « Rien n'est manquant chez l'évidence même si on peut rencontrer le manque de pertinence dans certains sujets » (Le manque de pertinence nous pouvons bien le rencontrer dans certains sujets humains même si rien n'est manquant chez l'évidence). « C'est bien une liberté que de vivre futé raison pour laquelle si penser c'est se libérer, raisonner c'est s'envoler » (La raison est une source de liberté réelle à travers l'intelligence qu'elle engage dans l'action humaine). « Derrière toutes choses utiles il y a nécessairement une cause subtile c'est cela la marque de l'intelligence ;

faire la différence à partir de l'aisance » (L'intelligence est un riche moyen de faire la différence à partir de la raison). « Toute voie de l'intelligence est une voie de l'importance » (L'intelligence renforce l'importance). « Ce n'est pas sans importance que nous nous opposions à l'inintelligence car pour asseoir la victoire il faut combattre l'échec, mieux l'on se fait intelligent plus nous tenons sagement ainsi nous gagnons » (L'intelligence n'empêche pas de gagner celui qui ne se trompe pas de victoire dans sa démarche). « Ce qui dépend de la raison dépend sagement de l'intelligence dans l'existence, conditionner les faits à la raison est la voie idéale pour solutionner nos soucis » (Nous solutionnons les problèmes de la vie en acceptant la cause profonde de l'intelligence). « Celui qui est évident dans sa réflexion est intelligent dans sa façon : la précision dans l'orientation est l'intelligence dans la référence » (L'intelligence est la référence dans le bon sens). « Plus qu'un choix l'intelligence est une loi, laquelle on se soumet pour vivre intelligent il s'agit tout simplement d'être évident » (L'intelligence n'a autre loi différente de celle de la précision). « Celui qui ne se trompe pas de guerre, la déclare à son profit : l'unique moyen de renforcer l'intelligence est de s'attaquer à l'inintelligence ni plus ni moins » (Le renforcement de l'intelligence humaine recommande la destruction de l'inintelligence). « C'est seulement dans l'inintelligence qu'on situe le défaut de l'intelligence raison pour laquelle dès lors que l'inintelligent sait qu'il est inintelligent l'inintelligence n'a plus de sens » (L'inintelligence n'est pas précise raison pour laquelle l'inintelligent se fait des illusions sur de prétendues erreurs au niveau de l'intelligence). « Le combat de l'intelligence ne se gagne pas dans l'ignorance : on est ignorant qu'à son détriment » (Nous sommes ignorants à notre encontre et non le contraire). « Tout est suffisance dans le bon sens, raison pour laquelle c'est dans le bon sens que réside le salut de l'intelligence » (La droiture est l'essence de l'ouverture). « Quand l'inintelligence nous aide c'est qu'on ne s'aide pas idem quand le mal nous arrange c'est qu'on ne s'arrange pas » (L'ignorance n'est pas un soutien certain pour celui qui s'aide bien). « L'intelligence n'est pas une limite en soi raison pour laquelle elle ne nous limite pas comme choix au juste nous comptons sur la raison pour s'assurer la solution et non pas se rassurer à l'encontre de la solution » (Nous nous assurons la progression en partant de la raison). « Quand l'intelligence nous fait limiter c'est pour progresser » (L'intelligence nous limite partout où nous la situons mal). « Partout où nous nous instruisons nous nous élevons ce qui déduit le fait qu'à part assurer l'émancipation de l'humain l'intelligence ne joue nullement pas à la compromission de la cause humaine » (L'intelligence aide contre le mal et non pas avec). « Plus qu'un mot l'intelligence est juste ce qu'il faut car elle s'oppose au défaut une fois pensée comme il faut » (L'intelligence n'est pas un vain mot mais un comportement, une personnalité, une réalité vivifiée). « Tout ce qui se dit sur l'intelligence à part qu'elle est suffisance est non-sens ! » (L'intelligence a cette propriété de suffisance qu'elle génère dans l'existence). « La dépendance à l'intelligence procure l'indépendance dans la conscience » (L'intelligence, rien que l'intelligence comme référence mène à l'excellence de l'humain). « Même intelligent on apprend ; l'intelligence n'exempt pas d'apprendre dans la mesure où l'excellence est une suite d'apprentissage croisée » (L'excellence n'est autre qu'une suite d'apprentissage organisé ainsi on se fera intelligent aussi longtemps qu'on apprendra). « C'est parce que la perte ne fait pas l'intelligence que l'intelligence ne fait pas perdre : autant tout d'évident est suffisant tout d'intelligent est gagnant » (L'intelligence fait réussir sans doute). « Seule l'intelligence est suffisance : on est intelligent contre la perte et non pas pour la perte, tenez-vous intelligents plaise à Dieu vous obtiendrez ce que vous cherchiez » (L'intelligence se fait autour de la réussite de l'intelligent et non pas le contraire). « Si une chose est de se croire intelligent une autre est de ne pas se faire avoir dans son intelligence ; confondre le mal au bien ne nous épargnera pas de ses abus convaincus malfaiteurs, ainsi l'intelligence n'est pas l'égale de l'inintelligence ne pas le savoir c'est se faire avoir par l'ignorance d'une part » (Nous nous faisons avoir par l'ignorance en confondant l'intelligence et l'inintelligence). « C'est à l'encontre de l'ignorance que s'exprime l'intelligence dans l'existence » (L'intelligence n'a autre assise si ce n'est celle précise qui se conçoit dans la lutte contre l'imprécision). « Le sens, la chance, l'importance tout est requise à l'intelligence car c'est elle la connaissance dans la suffisance » (Que du bonheur en compagnie de la lumière !). « L'intelligence dans la manière c'est la lumière comme repère mieux on est éclairé plus on est intelligent » (Nous raffermissons l'intelligence par notre créativité intellectuelle à suivre logiquement la connaissance dans ses orientations diverses). « Quand on n'est pas intelligent pour rien logiquement qu'on se contente de quelque chose pour la vivre à la différence de rien ; tout d'utile est difficile » (L'intelligence s'acquière d'une part dans une dimension sacrificielle de l'effort humain).

L’imagination et la compréhension

« Derrière toute imagination savante il y a une résolution évidente » (La marque savante part de la remarque évidente). « Ne mène pas en tête celui qui n’a rien dans la tête, on ne devance pas des pieds celui qui nous devance de la tête » (L’idée savante vient d’un individu ingénieux). « Le rôle de la tête est bien un rôle en tête : on ne positionne pas la tête par derrière pour qu’elle puisse nous placer en avant » (Il importe d’accorder de l’importance à la tête afin de compter sur sa récompense). « Avoir une tête et mener en tête alors en quoi ne sommes-nous pas une tête : quoi de plus que la connaissance pour faire la différence ? » (L’intelligent mène en tête tirant profit de son intelligence). « En toute imagination réside une différenciation » (L’imagination traduit la différenciation). « Quoi de mieux que le bon sens pour faire la différence ! » (La différence par excellence c’est la différence du bon sens). « Celui qui comprend le rôle de la tête, consent le rôle de la connaissance » (La connaissance atteste largement la stabilité mentale humaine). « La machination est la désillusion dans l’imagination » (La présence de l’illusion dans l’imagination conduit certainement à la machination). « Une chose est d’avoir une tête une autre est de savoir s’en servir : avoir une tête et avoir sa tête ça fait deux » (Le problème de compréhension passe nécessairement par une incompréhension du problème). « Faire tomber le problème et non pas tomber dans le problème c’est la marque de l’imagination teintée de précision » (L’imagination intelligente c’est la solution avec précision). « Celui qui n’accorde pas d’intérêt à la connaissance situe son désintérêt pour l’imagination fructueuse » (L’intérêt pour la connaissance se traduit par le même intérêt pour l’imagination savante). « On ne se sert pas des pieds pour guérir un problème de la tête : les pieds ne nous placeront pas là où la tête ne nous a pas placé » (La tête est bien important pour organiser sa vie). « Toutes les choses qui nous tiennent la tête ne nous servent pas en fait » (L'individu peut souvent penser à des choses qui ne l'apportent rien du tout dans la vie). « On n'imagine pas l'idée en sa juste valeur jusqu'à ce qu'on se rende compte qu'elle n'a pas d'égale comme arme » (L'imagination est la seule arme capable de conquérir le monde). « Celui qui contrôle les idées maitrise les humains » (L'imagination nous permet de contrôler les individus et leurs pensées). « Pour vivre sans imaginer commençons à ne pas imaginer qui nous serons sans la vie ? » (L'imagination est une partie intégrante de la vie). « Derrière chaque marque de résolution il y a bien une remarque d'imagination » (L'imagination appuie la détermination). « Si une chose est de rêver sa vie, une autre est de vivre son rêve ! » (On n'arrive pas à toujours réaliser tous les rêves de notre existence). « Humain on est limité dans l'imagination sans pour autant que l'imagination ait une limite » (Dieu seule connait la limite de l'imagination mais l'humain non son imperfection l'atteste). « Quand on n'a rien dans la tête ce n'est pas étonnant qu'on ait la tête contre le bien » (L'individu qui n'a rien dans la tête l'oriente à l'encontre du bien). « Pour qu'il ne cause pas de désagrément on n'imagine autrement pas le raisonnement que sagement » (L'imagination sage du raisonnement nous protège du désagrément). « Dans la vie tout acteur à son côté imaginaire » (Le côté imaginaire nous l'avons en tant qu'acteur vivant). « L'imagination en vue est l'imagination de la vie » (Le vivant a l'imagination de la vie en vue). « Il faut bien connaitre l'imagination pour ne pas compromettre la progression » (L'individu qui comprend l'imagination s'emploie à ne pas compromettre sa progression dans la vie). « On se trompe d'affaire si notre affaire est de tromper » (Tricher ne fait pas l'affaire de personne dans la mesure où nul ne souhaite être triché). « On n'a pas mieux à faire que de travailler son imagination pour réussir son ambition » (Le travail bienfait, fait notre affaire une fois éclairé et ambitieux). « Pour arriver outre l'ambition et l'imagination, la condition est de bien travailler !» (La condition n'est autre que de bien travailler pour réussir dans la vie). « Si on ne pense pas la vie de la même manière c'est aussi parce qu'on mène la vie différemment » (La différence dans l'imagination découle de celle de préoccupations des vivants). « Illusoire est de compter sur le désespoir et puis s'attendre à la victoire » (L'individu mal éclairé est bien déchanté sur sa trajectoire de quête de l'espoir). « Sincèrement mon moral a souvent été atteint mais ma détermination n'a jamais été éteinte car je n'avais d'autre alternative que réussir plaise à Dieu quoi qu'il arrive j'arrive » (L'engagement certain est une marque de réussite existentielle à travers une imagination ambitieuse). « Qui n'est pas ambassadeur ? Qui n'a pas un cœur ? Qui ne préfère pas une manière ? L'imagination que nous vivions en dit long sur la position que nous suivions » (Nous faisons tous la promotion d'une cause positive ou négative à travers notre imagination). « Celui qui a connaissance de l'amusement ne s'amuse pas avec la connaissance » (Persévérer à s'éclairer est la mission de l'individu intelligent). « Que de possibilité dans l'inventivité ! » (L'inventivité regorge un trésor immense de possibilité). « On a beau savoir courir on ne court pas plus vite que le savoir : détrompons-nous on ne devance pas des pieds celui qui nous dépasse de la tête » (La connaissance est un puissant vecteur de renforcement de la capacité humaine). « Le bon sens dans l'existence recommande de s'amuser dans la vie sans s'amuser à vie ni s'amuser avec la vie ! » (S'amuser dans la vie sans s'amuser avec la vie c'est la voie normale pour atteindre la réussite de la part de l'individu). « Caméléon je comprends pourquoi le savant est un athlète des idées c'est parce qu'il coure dans la tête sans avoir à faire recours à ses pieds : on ne devance pas des pieds celui qui nous dépasse de la tête » (La connaissance nous permet justement de faire la différence positive dans la vie). « Conscient de la réalité de la promesse il ne faut rien promettre d'autre à part la réalité » (Soyons logiques pour faire des promesses bénéfiques). « Ne pas arriver à vie ; n'est-ce pas la pire chose qui peut nous arriver dans la vie ? » (Une existence détournée de toute clarté est bien ratée). « Pour tenir devant dans la vie il faut-être savant dans l'avis » (La connaissance mène à la suffisance). « Peu importe l'âge sage est celui qui s'éloigne du dommage » (La sagesse est un rempart contre le dommage dans la conduite). « Avoir sa tête et mener en tête c'est bien être une tête remarquable parmi les têtes remarquées !» (Les cracks ont bien une intelligence hautement remarquable). « L'erreur n'est pas à compter dans un compte sur lequel on peut compter !» (Pour qu'il n'y ait pas d'erreur de compte on ne compte pas l'erreur). « L'intelligence du savant en dit long sur la puissance de la connaissance » (Le savant démontre d'une part la puissance de la connaissance). « Dans le problème de raisonnement, le problème est dans le raisonnement » (Le déraisonnement renferme le problème de raisonnement). « Cessez de rendre service au problème pour ensuite vous plaindre d'un problème de service ! » (Il faut tout simplement raisonner pour se rendre la vie facile). « Le développement personnel passe par des soucis personnels ainsi que la volonté et la capacité de l'acteur à les solutionner intelligemment » (Le développement personnel ne s'acquière pas sans souci aucun, ainsi que l'intelligence à faire face à sa responsabilité). « Ce serait ajouter un problème au problème que de développer des soucis alors qu'on souffre d'un problème de développement » (L'intelligence stratégique nous recommande de faire stopper l'hémorragie en vue de soigner la plaie, n'ajoutons pas un problème au problème si notre volonté est de le solutionner). « S'il nous arrive de se soucier c'est qu'on a encore l'espoir de se développer » (Le souci accompagne la volonté de bien faire s'il est précis). « Quand on nourrit le souci du développement c'est parce que le développement est sensé s'accompagner par la diminution de soucis » (Nous nous soucions pour le développement en vue d'effacer nos soucis au mieux). « On peut bien avoir le retard en tête cependant on n'est pas en tête avec le retard » (Le retard ne nous met pas en tête même si souvent notre mentalité peut nous mettre en retard). « C'est après avoir mal pensé la vie qu'on est dépassé à vie ! » (Le mauvais modèle ne tire pas profit de sa conduite existentielle). « Vouloir tout changer à partir de rien, c'est ne rien savoir du tout » (Dans la mesure où nous voulons changer les choses sans faire quelque chose nous mettons notre réussite en cause). « Si ce n'est pas un problème d'avoir du problème dans la vie cependant se faire avoir par le problème à vie non » (Quand nous entretenons le problème il nous dépasse). « Si la vérité nous dit quelque chose, disons la vérité, faisons en notre cause » (La cause utile se défend à vie). « Décider de vivre faux c'est se mettre au service du défaut » (L'individu qui décide de vivre faux se met au service du défaut). « Rien ne sert de servir pour rien, agir sans sa tête, c'est se trahir soi-même » (Quand l'intelligence manque à l'action elle devient infructueuse). « Ne pas se servir de sa tête c'est agir contre son bonheur » (Quand on ne se sert pas de sa tête on agit contre son bonheur). « Quoi de plus bon peut nous arriver de mieux que de vivre bon ? Bien sûr que la bonté s'imagine sans désagrément dans la portée » (La bonté est bien teintée d'exemplarité pour l'humain). « Si la vérité est notre cause alors pourquoi la mettre en cause » (Soyons justes pour notre bonheur). « Défendre la cause de la vérité si elle défend notre cause puis se défendre contre la cause de la vérité quand elle l'expose c'est bien paraitre juste plutôt que de l'être » (Se battre pour la vérité quand elle nous donne raison ; se battre contre quand elle nous donne tort c'est bien paraitre juste que de l'être). « A ceux qui aiment paraitre sans être la vérité a d'autre rôle que de tromper : celui qui ne se trompe pas en réalité, ne trompe pas en réalité » (En réalité on se met en retard en pensant pouvoir tromper la réalité). « Silencieux parler moins est aussi un moyen de faire parler le prétentieux qui méprend le silence à l'impuissance ! » (Le silence éclairé ne manque pas de vertu). « Si tu veux me voir faire mal ; fais du mal à un animal sans défense » (C'est bon de défendre les êtres vivants sans défense). « Dans le statuquo, la chose à changer pour que les choses changent, reste toujours inchangée » (En se passant de la solution que peut-on solutionner ?). « Quand on est motivé à perdre on peut ne pas s'instruire pour agir » (Quand on se passe de la raison dans l'action c'est bien pour entraver notre progression). « Si nécessaire le silence en dit plus que la parole ne saurait dire » (Le silence en soi est une arme de persuasion une fois recommandé). « C'est aussi militaire le fait de savoir se taire ! » (Le silence forge l'esprit militaire). « Savoir supporter la réalité si nécessaire est un moyen utile pour conforter la personnalité » (Arriver à supporter la réalité nous est bien d'utilité). « Reconnaitre qu'on peut se tromper ce n'est pas du tout fauter : reconnaitre son humanité est un motif de fierté » (Nul n'est parfait, l'admettre nous permet de nous renforcer). « Tant qu'on éprouvera le besoin d'arriver ; il nous arrivera le besoin » (La vie est une suite de besoin). « Ce qu'on a en tête c'est ce sur quoi on s'en tête » (L'humain c'est la compréhension). « Silencieux, parler moins est aussi un moyen de faire parler plus l'inattentif » (Le silence est aussi une stratégie productive là où la parole est déconseillée). « Ce qui arrive au travailleur, c'est tout sauf ne pas arriver » (Au moins le travailleur arrive à se prendre en charge). « Si on ne dit pas non à la réussite la condition c'est le travail » (Le travail est la condition de la réussite). « Si on ne dit pas non à l'amour la condition c'est aimer »

(L'amour est la condition de l'amour sincère). « Se faire travailleur, c'est bien faire son affaire » (L'individu qui se fait travailleur fait bien son affaire). « En premier la personne sur laquelle tu dois compter pour arriver c'est toi-même : s'il n'y a personne pour t'appuyer n'es-tu pas quelqu'un pour arriver ! » (Quand on se sous-estime on réduit sa chance de réussite). « Quand tu te sacrifies pour la cause de l'ignorance, attends-toi à ce qu'elle sacrifie la sienne : on a beau aimer ou pas l'erreur le constat est le même, l'erreur ne nous aime pas voilà pourquoi elle nous déçoit après l'avoir placé notre confiance » (L'erreur mène à la désolation de celui qui la nourrit). « Ce qui n'est pas en réalité, est ce qui n'est pas de la réalité » (La réalité incarne la valeur certaine dans l'existence). « Quand on dit oui à la vérité la condition c'est lutter » (La lutte conforte la position du véridique, la vérité n'étant pas une position facile à défendre). « Dès lors qu'on n'est pas fier de qui nous sommes on consomme l'abandon de soi » (L'individu qui ne se réjouit pas de son propre modèle cautionne l'abandon de soi). « On peut penser avoir positionné autrement son avis sans changer aucunement sa vie ; c'est parce qu'on a fait que répéter les mêmes erreurs mais peut-être différemment : peu importe sa forme et son contenu, l'erreur c'est l'erreur » (L'erreur reste l'erreur peu importe sa nature et son contenu). « On peut ne pas s'intéresser à la vie c'est notre problème, mais on est intéressé par la mort sans problème ! » (La mort ne se désintéresse pas de celui qui s'est désintéresse de sa vie). « Même la mort s'intéresse à celui qui ne s'intéresse pas à sa vie » (L'intérêt de la mort est pour tous les vivants). « Ce n'est pas une question de se plaire ou se déplaire qu'on pourra se soustraire à l'itinéraire de la destinée : le destin c'est comme la mort on ne le fuit pas pour l'échapper ! » (Le destin arrivera peu importe le temps). « A commencer à comprendre que la réussite n'est pas rien, plus rien ne nous empêchera de réussir car nous accepterons de travailler » (L'individu qui accepte de travailler sait que la réussite n'est pas rien ainsi il s'accomplit justement pour ne pas échouer). »

La paix et la guerre

« Quand on dit oui à la paix la condition c'est ne pas être injuste » (La paix recommande la justice pour tous). « De la parole au rôle, faire la paix n'a rien de drôle » (La paix nous la faisons en se passant des situations drôles justement en étant sérieux et juste). « Celui qui a tendance à ne pas complaire avec sa valeur est bien exemplaire, vit en paix avec soi-même » (L'individu qui se plait dans son modèle vit généralement en paix avec soi-même). « Là où sévit l'injustice recule la paix, il n'y a autre facteur qui menace la paix sociale à part cautionner l'injustice comportementale » (L'injustice est une menace patente pour la paix sociale). « Quand on est en paix intérieure avec soi-même ce n'est pas la peine de l'exposer aux yeux des autres : le faire semblant est un grand danger dans la quête de la paix intérieure du cœur humain » (Le faire semblant n'est pas une attitude qui promet la paix du cœur humain). « La vie est très précieuse pour qu'on ne puisse pas la rendre pacifique » (Rendre sa vie pacifique c'est bien la doter de la valeur convenable pour son bonheur existentiel). « Quand on est pacifique, on en fait sienne toute cause qui promet la paix : être pour la paix et ne pas être pour la justice n'est-ce pas attendre un résultat positif d'un travail négatif c'est justement ne pas être objectif » (L'individu objectif sait bien valoriser la condition de la paix quelle qu'elle soit en se faisant juste). « Quand la paix nous convient nul doute que nous nous faisions bien » (La paix amène l'individu à se faire une bonne volonté). « Etre juste dans le cœur c'est déjà travailler pour la paix ; la volonté de la paix a toujours été en désaccord avec la priorité de la justice » (La volonté de la paix réside dans la priorisation de la justice selon le contexte). « Quand on est engagé contre la paix comment peut-on voir le danger de la guerre même s'il y en a » (L'individu engagé contre la paix sous toutes ses formes approuve toutes les formes de guerres, positive que négative). « Quand on prend la paix au sérieux, on ne s'amuse pas à faire la guerre » (La reconnaissance de l'importance de la paix doit nous amener à se limiter à la guerre positive). « Etre en paix avec soi-même est d'ores-et déjà un argument détermine pour le bonheur du vivant » (L'individu qui est en paix avec lui-même possède un avantage grotesque pour retrouver le bonheur). « Il y a toujours un sacrifice à faire pour arriver à faire la paix, qui n'est pas d'arriver à sacrifier la volonté de la paix » (Tout ce qui conclut à la paix ne demande pas de persévérer dans l'ignorance). « Sois juste pour la seule raison que tu ne souhaites pas être victime d'injustice de qui que ce soit en cela sois acteur de la paix partout où la raison te défend de faire la guerre car ta conscience en dépend » (Il est aussi une question de conscience de ne pas cautionner l'injustice qui conduit à la guerre). « Bien sûr que l'acteur de la paix, fait de la guerre sa préoccupation raison pour laquelle il s'arrange à ne pas se battre sans raison » (La conscience nous emmène toujours à s'opposer aux velléités de l'inconscience qui nous desservent). « La paix pour toujours, la tranquillité sans détour appelle à se fier à jamais à la vérité pour se justifier : au juste celui qui se fie à la vérité ne manque pas d'argument pour pérenniser la paix » (Le courage d'asseoir la paix passe par la volonté de pérenniser le règne de la justice). « Nul doute que la paix durable est une paix raisonnable ; la paix qui nous profite à jamais nous oblige d'être bien clair » (La paix durable recommande l'engagement raisonnable du pacifique). « Faire la paix loin de signifier de se défaire de la guerre recommande seulement à bien choisir sa guerre : dans la mesure où ne pas faire sa guerre équivaut à se faire la guerre alors qui ne fait pas la guerre ? Qui n'a pas de cœur ? Qui n'est pas motivé pour la réussite d'une cause ainsi que l'échec d'une autre ? » (La paix demande sous un angle de savoir choisir intelligemment sa guerre à faire car la promotion de la paix est une guerre utile). « Que la peur de la guerre ne nous emmène pas à se faire la guerre, alors peu importe la taille du défi pour triompher tâchons à ne pas se faire désemparer » (Garder son sang-froid face au problème est un argument de poids pour pouvoir le solutionner). « Même s'il s'agit de sacrifier la paix il y a toujours un sacrifice à faire cela dit, faire la paix ou s'en défaire demande au moins un effort quelconque positivement ou négativement motivé »s (Il est toujours question d'un engagement quelconque de l'individu pour faire la paix ou s'en défaire dans la vie). « Ceux qui ont intérêt à ne pas faire la paix sont les seuls qui en période de guerre voient leurs intérêts décupler : l'homme chez qui la défense de l'intérêt personnel prend le dessus sur celui général devient un grand danger pour la paix sociale » (L'individu qui vit de l'égoïsme menace la paix générale). « Si tu ne hais pas la paix, alors, célèbres la vérité » (L'individu qui célèbre la paix doit bien sûr ne pas haïr la vérité). « C'est parce que la guerre nous concerne raison pour laquelle la paix nous préoccupe » (La guerre est bien notre affaire dans la mesure où la paix nous préoccupe les deux valeurs s'alternent dans la vie). « Nul doute que la guerre injustifiée est une menace pour la paix » (La guerre sans raison n'appuie pas la volonté de la paix durable !). « S'il nous arrive de défendre la paix nul doute qu'on est juste dans sa défense dans la mesure où l'illusion n'est nullement pas la voie appropriée pour promouvoir la raison, la façon de la paix c'est la précision dans la condition » (La paix bien justifiée passe nécessairement par la condition irréfutable de la justice). « Déclencher les hostilités puis après jouer à la victime c'est bien n'être pas de bonne foi pour la paix » (La paix demande de faire franc jeu ce qui ne donne pas la chance à promouvoir la paix durable c'est la déraison dans le comportement). « Se charger de la paix, c'est bien s'aviser à vie, à chaque touche de la paix il y a une geste de sage » (Le geste sage fait la touche pacifique).

Le mensonge et la vérité

« Suffisance ou insuffisance la récompense du vivant est fonction de sa référence dans l'existence » (La référence dans l'existence détermine la raison de la réussite ou de l'échec humain). « A aimer ou pas la vérité tout est question de personnalité !» (L'acceptation ou le refus de la réalité passe par le type de personnalité). « Le mensonge ne nous fera pas réussir là où la vérité nous a fait échouer : véridiquement est l'argument des arguments » (L'argument sincère se veut véridique). « C'est parce qu'on n'est pas compté par le mensonger qu'on ne peut pas continuer à mentir pour réussir! » (Le mensonge a une limite, ainsi le menteur connaitra sa limite). « Tout sauf mentir pour être sûr » (Le mensonge ne rassure personne en réalité). « Si mentir c'est trahir ; se mentir c'est se trahir soi-même » (Dans le mensonge réside la trahison). « Le défaut est bien de mentir voilà pourquoi il ne faut pas mentir » (Le mensonge est un grand défaut ainsi il ne faut pas mentir). « Quand la vérité ne nous dit rien c'est qu'on ne sait rien » (La vérité est le chemin certain d'orientation de l'humain). « Celui qui ne s'amuse pas avec son existence, prend la vérité au sérieux » (Nul doute que la vérité est élémentaire pour notre réussite). « Il faut-être fou en réalité pour se foutre de la réalité » (La vérité mérite le respect de toute personne sérieuse). « Quand on tient à sa personnalité, pour nous la vérité est une nécessité » (La vérité est une nécessité pour tout un chacun). « On ne peut pas se servir du mensonge sans servir le mensonge ce qui revient à ainsi à desservir sa cause » (Le mensonge nous trompe de cause ainsi nous dessert et non ne nous sert). « S'entendre pour ne pas s'entendre c'est bien s'entendre autour du mensonge » (Le mensonge vecteur d'injustice ne promet pas une entente durable gage de paix pour les humains que nous sommes). « La vérité est bien le choix le plus éclairé du monde » (La vérité est le choix de l'avenir). « Celui qui souhaite nous voir réussir nous protège du pire qu'est mentir : sans nul doute le conseil de l'évidence est le conseil par excellence » (Le conseil de la vérité est bien le conseil de la grande importance). « Rien ne peut compenser le rôle de la vérité si ce n'est la vérité cela dit la vérité est majeure qu'on la reconnaisse ou pas ainsi s'accomplit à notre faveur » (La primauté de la vérité dans la vie n'est plus à démontrer afin de la profiter). « Si et si seulement si la vie n'était pas une réalité on pouvait se contenter de l'irréalité pour tout réaliser !» (Prenons la vie au sérieux car loin d'être un mensonge elle est précisément certaine). « C'est bien faire son affaire que de croire à la faveur de la vérité » (L'individu qui croit à la faveur de la vérité tout en se comportant véridiquement se donne la chance certaine de transformer positivement sa vie). « La négativité existe en réalité mais la négativité n'est pas le propre de la réalité » (La vérité n'est pas forcément l'incarnation de la négativité). « Même si la vérité représente souvent de la négativité cependant la vérité n'est pas que de la négativité » (La vérité exprime à la fois positivité et négativité selon la circonstance). « Quand il nous arrive de fuir la réalité mais pour où aller ? La vérité c'est comme la mort on ne la fuit pas pour l'échapper ! » (La vérité s'accomplit sans possibilité de l'échapper). « La vérité c'est la responsabilité : on ne s'assume pas comme il faut à défaut d'être réaliste ! » (La responsabilité est dans la vérité). « A s'attendre ou pas à la réalité, la réalité nous attend » (Humain sachant la réalité de l'attente on s'attend à la réalité). « On ne peut pas ne pas profiter de la réalité une fois éclairé en réalité : sachant la valeur de la vérité on se fait clair dans sa personnalité » (L'individu qui comprend bien l'importance de la vérité se fait clair dans sa posture).

Le bien et le mal

« C'est salutaire de vivre bienfaiteur » (Le bienfait profite à l'humanité). « La bonté pour la vue est une bonté qui ne fait pas long feu » (La bonté exclusivement détournée de l'esprit de bienfaisance se transformera tôt ou tard en méchanceté). « La bonté pour la vue est une méchanceté déguisée contre le vivant » (Le bon cœur ne se donne pas à contrecœur). « Laisser parler le cœur loin des yeux c'est le propre du philanthrope convaincu » (La philanthropie convaincante laisse parler le cœur sans forcément être assisté de la surveillance des yeux). « La bonté pour la vue est une bonté mal vue, qui n'a pas longue vie » (La bonté pour la vue est une bonté ratée quand le cœur ne s'y mêle pas du tout). « C'est parce qu'il est bon d'être regretté voilà pourquoi je ne regrette pas d'être bon » (La bonté valorise l'humain parmi ses semblables). « Se faire ambassadeur d'une cause dont on est le premier à vouloir voir réussir et le dernier à s'investir pour sa réalisation c'est l'image déguisée du prétendu bon, attendre un résultat positif d'un travail négatif » (La bonté c'est aussi quand le geste du cœur concorde avec celui de l'esprit donnant à l'humain une unité d'ensemble dans les actions qu'il pose). « Si on n'a pas honte avec la bonté alors qu'y a-t-il de mal à imiter l'homme bon pour le salut de la communauté : partout où le modèle rend service c'est que la qualité est servie » (La où la qualité est servie, le modèle rend service). « Il est possible d'imiter la bonté mais pas pour longtemps dans la mesure où paraitre n'est pas l'égal d'être » (S'il nous arrive d'imiter la bonté c'est pour après être rattrapé par la méchanceté car on usurpe son titre). « Ignorant, rien n'est important chez le méchant » (La méchanceté exclut l'importance du sens partant de l'ignorance qu'elle incarne). « Rien de ce qui profite à l'humanité ne nécessite la méchanceté » (La méchanceté est un crime pour l'humanité). « Quand on sert la méchanceté c'est que nous servions pour rien, c'est la vocation du mal qui se retourne contre l'orientation du malheureux voilà pourquoi à l'aimer ou pas le mal ne nous aime pas, le mal ne nous aimera pas raison pour laquelle elle finira par nous abandonner après l'avoir placé notre confiance » (Le mal trahit toujours le malheureux qui l'a fait confiance à tort). « La bonté des yeux contraste avec la méchanceté du cœur, quand on fait semblant c'est qu'on n'est pas franc » (La bonté réside principalement dans le cœur tout le reste est fourberie chez la personnalité). « Si on a intérêt à être bon c'est parce qu'on n'est pas bon que pour son intérêt égoïste : à qui le bon cœur ne pense-t-il pas en posant le moindre acte humanitaire, salutaire pour l'humanité » (Le bon cœur nous amène à dépasser la frontière entre les cœurs à être hautement humains tout en développant l'esprit de l'unité des cœurs pour une cause commune). « Quand la bonté est mise en cause c'est que la cause est nulle ! » (Il n'y a meilleure cause qui puisse égaler la cause de la bonté dans l'humanité car elle profite à tous). « Nul doute qu'il est bon de s'éloigner de ce qui nous empêche d'être bon » (L'éloignement de l'individu vis-à-vis de la tentative de la méchanceté se fait en sa faveur). « C'est seulement dans l'erreur qu'on s'arroge la faveur de l'erreur voilà pourquoi on n'est jamais vaincu par le mal qu'après s'être convaincu par le mal » (Le mal séduit le méchant avant de le sévir). « Si tu ressens du mal à faire du bien c'est parce que tout d'utile est difficile » (La difficulté rencontrée sur le chemin du philanthrope ne doit pas le décourager dans la pratique du bien car devant il aura une récompense meilleure). « Il faut toujours se dépasser pour la bonté car la bonté n'est jamais dépassée » (La grande récompense de l'esprit solidaire est réservée à ceux qui donnent sans compter). « Si tu ne dis pas non à la solidarité alors mais pourquoi dire oui à la méchanceté : tout pour soi, rien pour les autres est un esprit typiquement méchant » (L'égoïsme exprime l'immaturité de la personnalité ce qui n'est pas arrangeant pour sa vie). « Dans la bonté figure une belle preuve d'exemplarité » (Acceptez d'être bon, en cela vous méritez une exemplarité particulière). « Dans la vie il est normal qu'on ne puisse pas développer la bonté en voulant promouvoir la négativité autant on ne peut pas attendre un résultat positif d'un travail négatif ce qui n'est pas objectif du tout » (La bonté est une façon d'être, une logique, un comportement à nourrir constamment pour en tirer profit cependant en adoptant la posture contraire nous récoltons le produit de la méchanceté). « A ne pas confondre la méchanceté et la fermeté » (La méchanceté n'est nullement pas la fermeté vice-versa). « Quoi de mieux qu'un courage immortel, pour relever un défi mortel : restez bon quoi qu'on dise, qu'il gèle ; qu'il pleuve, qu'il vente ou qu'il neige est une question du cœur plutôt qu'une exposition des yeux » (Quand la difficulté n'a pas raison du comportement bonhomme d'une personne c'est qu'il est naturellement bon). « C'est un gâchis de changer une qualité qui s'appelle bonté ! » (Mieux vaut entretenir sereinement la bonté plutôt que de la changer pour quoi que ce soit). « Que celui d'entre nous qui n'est pas content de profiter de la bonté soit le premier à se prononcer pour la méchanceté ! » (Consciemment la méchanceté est une position indéfendable). « Sans nul doute il est impossible de défendre la méchanceté sans s'en prendre à la bonté » (La différence est bien présente on ne peut pas défendre une valeur et son contraire soit on est méchant ou on est bon). « La générosité du cœur est un délice comportemental qui n'est pas à la portée de l'homme sans cœur » (Le fait de cautionner la méchanceté nous éloigne grandement de la générosité du cœur en tant que qualité hautement humanitaire jusqu'à ce qu'on accepte de changer). « Ce n'est pas un péché de vivre généreux » (La générosité est une qualité à partager plutôt qu'un défaut à combattre). « Quand on trouve du plaisir à voir les autres heureux qui dit qu'on n'est pas généreux?» (La grandeur du cœur du généreux lui recommande bien l'ouverture à voir les autres heureux et cela confirme sa position modèle). « Il ne faut forcément pas avoir plus pour donner ; mais plutôt savoir partager, vouloir assister, accepter de faire profiter à autrui que soit ce qu'on a et même si cela n'est rien d'autre qu'une simple parole car il joue son rôle dans la chaine de la formation de l'idéal bienfaisant » (L'idéal bienfaisant demande de partager le peu que nous détenions faisant en sorte que la générosité ne demande pas forcément d'avoir beaucoup pour partager ce qu'on a mais plutôt d'être disposé à porter secours selon nos moyens). « Dire non à la générosité n'a rien d'utilité pour l'humanité » (L'avarice ne permet pas de promouvoir la stabilité relationnelle des individus que nous sommes dans la vie). « Le méchant se trompe de constat sur la vie car la posture qui se retourne contre notre existence est bien une posture à contourner pour notre aisance » (La méchanceté est bien un caractère à ne pas appuyer quand nous comptons améliorer notre cadre d'existence).

Le travail et le chômage

« On peut tout attendre du travail à condition de ne pas faire attendre le travail » (Travailler à temps c'est se donner assez de chance de réussite). « Il faut tout abandonner pour travailler ainsi le travail te donnera tout » (Faisons du travail une affaire prioritaire afin de compter sur sa faveur). « La chose la plus facile à faire c'est ne rien faire, hélas cela ne fait pas notre affaire » (Refuser de travailler est une chose facile à faire mais pas utile à profiter). « Mieux vaut s'amuser à travailler plutôt que de s'amuser avec le travail » (L'importance du travail est confirmée dans l'existence). « Vouloir la réussite et puis en vouloir au travail c'est ne rien savoir du tout » (L'amour pour la réussite s'accompagne de l'engagement à travailler). « Travailler pour vivre heureux » (D'une part le travail contribue au bonheur). « Celui qui connait l'importance du temps ne peut pas ne pas avoir d'importance pour le travail dans le temps » (Le temps est précieux, le travail aussi). « Celui qui a peur de nous voir travailler est fier de nous voir chômer » (La personne qui souhaite nous voir enchainer ne fait rien pour nous aider à conquérir le chemin de la liberté passant par le travail). « Au lieu que la réussite te fasse rêver ; commencez par aimer le travail car il n'y a pas de réussite sans travail » (Le travail conditionne la réussite ; il est mieux de consolider les deux valeurs dans son cœurs). « Il n'est pas étonnant que la liberté ne nous va pas quand le travail ne nous dit rien car qui ne travaille pas ne se libère pas » (L'amour de la liberté concorde avec la passion du travail). « En toute intelligence il faut travailler sa confiance de la sorte à avoir confiance au travail ainsi se cultive le goût de la suffisance : la réussite à un coût c'est le travail » (Le travail est le coût de la réussite en toute circonstance). « Comment peut-on faire un travail convaincant sans-être travailleur convaincu ? » (La confiance à ce que nous faisions comme travail nous permet d'exceller dans notre secteur professionnel). « C'est juste que le travail profite » (La suffisance dans le travail est fonction de l'intelligence de la méthodologie professionnelle). « Si on n'a rien sans peine ne peinons pas pour rien » (Tâchons à ne pas travailler pour rien). « Soyons clairs tout se gère par le travail » (Le travail est indispensable pour que les choses fonctionnent). « N'ayez pas honte à travailler si on ne travaille pas à promouvoir la honte » (Le travail est utile pour la dignité humaine alors faisons une activité pour notre stabilité). « Même si on a souvent mal à travailler ce n'est pas mal de travailler : si nécessaire on se fait du mal pour ne pas avoir à se faire du mal » (Le sacrifice que nous consentions pour travailler est un sacrifice hautement utile). « Si on vit dans le travail il n'y a pas d'excuse à ce qu'on travaille à vie ! » (Il nous faut un petit effort peu importe notre âge pour vivre cela est un travail même si les degrés diffèrent). « Il y a tout à retravailler chez celui qui ne considère pas le travail du tout car il se met en retard du coup » (Quand on ne considère pas le travail comme il se doit nous nous mettons en retard dans la vie). « Dans la vie derrière chaque modèle exemplaire il y a un travailleur hors-pair »(Le travailleur exemplaire forge le respect et l'admiration par son dévouement professionnel). « Pour tout changement le travail est l'enjeu constant : la différence dans le rendement est fonction de la différence dans l'investissement » (Le travail est toujours recommandé pour pouvoir faire évoluer une situation). « L'homme digne peut se tromper de travail cependant ne travaille pas pour tromper » (La dignité exclut la tricherie dans le travail). « Se faire remarquer par les grandes œuvres c'est la marque des grands ouvriers » (Les travailleurs exemplaires sont ceux qui ont réussi à montrer une image raisonnable d'eux dans leurs milieux professionnels respectifs). « S'il nous arrive de travailler, c'est bien pour arriver » (Le travail se fait dans un souci de développement du travailleur). « Pour mieux comprendre le travail il faut bien travailler sa compréhension !» (La quête éternelle de l'excellence intellectuelle est un appui considérable pour le succès ouvrier humain). « C'est bien ignorer la valeur du travail que de conjuguer le bonheur sans travailler » (Le travail est un élément constitutif du bonheur). « Quand on ne se soucie pas pour le travail d'une part c'est qu'on existe pour rien » (La maturité exige de se soucier pour le travail). « Il y a pas mal de travail à faire pour vaincre le mal du chômage » (Le travail soutient indiscutablement la volonté ouvrière humaine). « Le travail n'est pas secondaire pour celui qui juge son existence prioritaire » (La priorité est de travailler pour honorer sa vie). « Quand on fait sa vie son affaire comment peut-on ne pas être travailleur ? » (Le travail est indispensable dans la valorisation de la vie humaine). « Travailler sans compter, travailler puis espérer ainsi travailler pour triompher » (Le courage est bien nécessaire pour accompagner le succès ouvrier humain). « Mieux vaut travailler contre le découragement plutôt que se décourager de travailler » (La résolution renforce la capacité du travailleur à réaliser ses projets). « C'est en travaillant qu'on est indépendant » (L'indépendance humaine passe par le travail). « Que faire sans travailler si ce n'est rien faire » (Le travail demande un effort pour pouvoir faire quelque chose). « Quel drôle d'exemplarité que la difficulté n'ait pas raison de notre volonté » (Le courage certain nous engage à nous assumer avec vitalité). « C'est un exemple de combativité, que la difficulté n'ait pas raison de notre volonté laborieuse » (Le courage est exemplaire). « Si tu te respectes, respectes ta parole » (L'individu qui se respecte, respecte sa parole donnée). « Celui qui n'accepte pas de travailler à temps sera dépassé par le travail dans le temps » (Mieux vaut travailler à temps plutôt qu'être débordé par le travail dans le temps). « Si se libérer est notre préoccupation travailler nous sert d'ambition » (Le travail soutient l'ambition de réussite humaine). « Je me demande comment celui qui n'a pas de problème à vivre libre peut-il ne pas aimer travailler ? » (Le travail est une question d'intérêt capital pour celui qui souhaite s'épanouir). « Le mieux c'est travailler si on ne veut pas échouer » (Le travail mérite la considération de celui qui fuit l'échec). « C'est vrai on peut souvent avoir de la difficulté à travailler cependant il n'y a pas meilleur remède contre la difficulté que le travail » (Pensé comme il faut le travail nous permet de prospérer face aux situations difficiles). « Pour générer la faveur sans nul doute que le labeur est nécessaire » (Le travail promet l'indépendance). « Le degré d'importance qu'on accorde à sa vie est proportionnel à celui qu'on accorde au travail » (L'individu qui accorde de l'importance à sa vie, en accorde au travail ce qui lui permet de gagner sa liberté). « Si le travail débloque les situations encore faudrait-il ne pas être bloqué à ne pas travailler » (Accepter de travailler pour débloquer les situations difficiles est mieux que de refuser de travailler pour rester dans la précarité). « Le sérieux du travailleur a toujours été un détail important par rapport à la qualité du travail : travailleurs appliquez-vous bien ainsi vous réussirez certainement plaise à Dieu » (L'application intelligente du travailleur au compte du travail lui permet de faire le détail nécessaire en termes de l'amélioration de la qualité du travail). « Comment le vainqueur peut ne pas être travailleur dans la mesure où on ne gagne rien sans aucunement s'investir » (Le travailleur est vainqueur connaissant l'importance de l'engagement dans le développement). « Avant d'espérer sur le travail mieux vaut d'abord travailler pour espérer » (Il est utile de travailler d'abord pour ensuite espérer sur une éventuelle produit bénéfique de notre travail). « L'esprit travailleur se démarque également par un avis militaire » (Notre cause militaire nous appelle à se faire travailleur). « C'est seulement bien organisé que le travail peut profiter » (La qualité productive du travail est aussi fonction de son degré d'organisation). « C'est la marque du travailleur responsable se faire remarquer par un travail raisonnable » (Le travail raisonnable est la marque du travailleur responsable). « Ne pas accepter de travailler c'est aussi refuser d'exister en une certaine manière » (Le travail donne une seconde forme de vie). « Le travail a une raison dont la raison n'est pas de ne pas travailler, nullement le travail ne peut se servir du chômage comme argument si la différence est bien réelle ! » (La raison du travail n'est logiquement pas de ne pas travailler). « Tout peut arriver en travaillant quand on accepte de travailler en tout » (Le travail nous ouvre la porte de beaucoup de possibilités dans la mesure du possible). « Le développement passe par le travail, cela dit travaillons à développer davantage le service que nous fournissions ainsi la satisfaction de la clientèle constitue une promotion professionnelle » (L'individu doit œuvrer à améliorer son cadre de travail en vue de réussir dans la vie). « On ne peut pas se passer du travail sans être dépassé par le chômage dans la vie » (L'individu qui se passe du travail se retrouvera dépassé par le chômage dans la vie). « Là où le travail ne nous arrange pas, la vie ne nous arrange pas car comment vivre sans travailler ? » (Le travail est nécessaire pour l'amélioration du cadre de vie de l'humain). « L'amour du travail en dit long sur la qualité du travailleur : aimez ce que vous faites ainsi il vous servira comme preuve » (L'amour du travail est bien une preuve salutaire pour le développement de la qualité du travail). « Mieux vaut s'améliorer face au chômage que de rester pour ne rien faire dans la mesure où le désœuvrement est une menace perpétuelle pour le développement humain » (Le désœuvrement ne nous arrange en rien dans la mesure où on n'est pas sans besoin). « Si on n'éprouve pas le besoin de travailler c'est qu'on n'est pas sérieux dans son existence » (L'individu qui s'amuse avec le travail s'amuse avec son avenir). « Juste accompli, le travail profite » (Le travail profite à celui qui l'accomplit comme il se doit).

CHAPITRE II

TITRE DE NIVEAU II

Le temps, la nature et l'espace

« Faire face à sa responsabilité est une occupation de tous les temps pour l'homme responsable, dans la mesure où il n'y a pas de bon jour pour vivre l'irresponsabilité, c'est qu'il n'y a pas de mauvais jour pour promouvoir la responsabilité » (Il est bon de se tenir constamment prêt pour garder son équilibre spirituel grand signe de la maturité humaine). « On peut bien accuser du retard dans le temps sans pour autant mettre le temps en retard » (Le temps n'est jamais en retard étant donné sa clarté). « Tôt ou tard le temps confirme la réalité » (La réalité se confirme dans le temps qu'on le veuille ou pas). « Malgré notre prouesse à nous faire comprendre dans le temps il arrive souvent que l'homme savant en avance sur son temps soit incompris dans le temps, ce qui ne veut nullement pas dire qu'il n'a rien compris sur le temps : je comprends pourquoi le précis est peu compris car peu d'entre nous sont ceux qui sont précis » (La précision n'est pas une valeur partagée par bon nombre d'entre nous voilà pourquoi elle est peu comprise, ainsi l'homme savant n'est généralement pas compris par la majorité de ses contemporains non pas parce qu'il n'a pas compris la réalité mais parce qu'il n'est pas compris en réalité). « C'est aussi cela la vie, dans le temps il nous arrive souvent d'être combattu à tort non pas parce qu'on n'a pas compris la réalité mais parce qu'on n'est pas compris en réalité » (La compréhension de la vérité diverge selon les hommes dans le temps ainsi il arrive dans le temps que l'individu éclairé soit combattu par sa position parce qu'il n'est pas bien compris). « Au cours de la vie on apprend avec le temps jusqu'à la fin de notre temps » (Avant la mort le temps enseigne à l'individu à comprendre la vie qu'il mène, à nourrir davantage son horizon intellectuel). « A vie se déroule l'importance du temps dans la mesure où tant qu'il y aura la vie elle se déroulera dans un temps » (Le temps est indispensable dans la vie dans la mesure où il le rythme en inscrivant les différentes périodes de l'évolution de la vie humaine). « La meilleure manière de profiter de son temps est de s'occuper de ce qui nous regarde » (L'individu qui profite bien de son temps l'oriente à des fins utiles). « Une chose est sûre tout finira dans le temps, la souffrance tout comme la jouissance ainsi aux heureux d'être prudents de ne pas abuser avec le bonheur, aux malheureux de ne pas désespérer de la miséricorde de Dieu car par lui tout peut changer en un clin d'œil » (Le temps est un sage enseignant nous devons savoir bien nous inspirer de ses leçons, savoir bien se comporter est une règle d'or pour tirer profit de l'existence). « Avoir ou ne pas avoir du temps dépend souvent de l'importance du besoin » (L'importance du besoin détermine l'égard qu'on l'accorde). « Tôt ou tard le temps aura raison des choses mal arrangées » (Les choses mal arrangées ne résistent pas au changement du temps). « C'est bien nécessaire de se faire clair dans le temps en vue de profiter de la faveur du temps » (L'individu qui se fait clair dans le temps vit dans un environnement certain). « Sauf si le vivant ne se donne pas le temps d'apprendre sinon il ne manque pas de quoi apprendre dans le temps » (Le temps instruit par la vie et cela à vie !). « Les choses incomprises dans le temps seront comprises dans le temps toujours grâce au temps : notre connaissance du présent nous dira davantage sur l'ignorance du passé qu'on a vécu et cela dans le temps » (Le temps compte beaucoup par rapport à l'explication de la vie humaine). « La première personne sur qui compter dans le temps c'est d'abord vous-même » (Il est important de ne pas se mettre à l'écart par rapport à la réalisation de sa cause). « Plaise à Dieu vos souffrances finiront un jour ou l'autre tant que vous faites quelques choses pour qu'elles ne soient pas pour toujours » (L'individu qui fait quelque chose pour que sa vie change positivement peut bien s'attendre à l'amélioration de celle-ci avec l'aide de Dieu). « Si aucun moment n'est bien choisi pour s'opposer à la réalité dans le temps c'est parce que le temps est vérité » (La réalité du temps est à préserver à jamais étant donné que le temps est vérité). « Celui qui ne suit pas la vérité à temps sera dépassé par sa réalité dans le temps » (Le retard nous l'accusons dans la réticence vis-à-vis du chemin du temps). « Court ou long le temps coûte bien cher pour qu'on ne puisse pas le tirer à notre profit » (Le temps est très important pour que l'individu ne puisse pas le tirer profit). « Bien qu'il nous faut du temps pour comprendre le temps » (Dans le temps, il est nécessaire de suivre le temps pour comprendre certaines réalités qui nous ont paru confuses). « On ne peut pas accorder du temps à son existence et puis ne pas pouvoir l'accorder à la connaissance, car une existence épanouie est une vie éclairée » (Il importe d'accorder du temps à la connaissance si nous voulons l'accorder à sa vie dans la mesure où une vie meilleure passe par une vie éclairée). « Soyons optimistes dans le temps en cela nous rendons possible, l'impossible plaise à Dieu » (La positivité dans la mentalité est un chemin utile pour promouvoir le développement humain). « Dans le temps, la nature et l'espace, la bonne cause se défend dans la vie : c'est bien une cause de vie s'engager pour la bonne cause à vie ! » (La cause principale est une cause de vie pour promouvoir le développement humain). « Celui qui ne se trompe pas de jugement sur le temps saura bien juger le temps si le temps est réalité » (La prudence humaine à tenir bien à la lecture de la vérité sur le temps nous permet de ne pas se tromper sur la réalité du jugement). « Quand on est en retard dans le temps cela se voit sur la manière dont on pense, la pensée qui n'est pas en harmonie avec l'évidence demeure en retard dans l'existence » (L'individu qui est en incohérence avec la réalité est bien en retard avec la réalité). « Ce qui fait notre affaire dans le temps c'est bien ne pas être sans rien faire » (L'individu qui n'est pas sans rien faire dans le temps fait bien son affaire en travaillant positivement). « La meilleure manière de tirer profit du temps est d'être précis dans le temps » (L'individu qui accepte d'être précis dans le temps gagne bien de sa conduite dans le temps). « Avant la fin des temps, ce qui est sûr le temps continuera à faire rêver l'humain en quête de réalisation de ses vœux » (L'humain engagé pour la réalisation de ses rêves doit bien s'appliquer pour la réalisation salutaire de ses vœux). « Le temps juge lui-même les réalités de la vie » (Les réalités de la vie sont toutes jugées par le temps). « On ne perd rien à s'instruire dans le temps dans la mesure où la connaissance est élémentaire pour bien tirer profit de son existence » (La connaissance est très utile pour bénéficier de son temps).

Le bonheur et le malheur

« Ce n'est pas sans prendre le malheur en compte qu'il nous arrive de vouloir le mal aux autres : c'est convaincu par la cause du mal qu'on s'oppose à la cause du bien » (L'ignorance est un frein à la volonté du partage du bonheur universel). « N'avons-nous pas tort de vouloir être le seul à jouir si on n'est pas le seul à vivre : tout pour soi rien pour les autres c'est dans l'égoïsme que ça se passe » (L'égoïsme nous pousse à tout vouloir pour soi, puis rien pour les autres). « Quand on décide d'ouvrir la porte du bonheur pour les autres dans la foulée nous fermons celle de l'échec pour soi, voyez-vous comment le bon cœur nous ouvre la porte des faveurs ! » (La disposition à faire du bien n'est pas rien pour le bon cœur nous en profitons pleinement). « La méchanceté est une preuve contre le méchant et non pas un argument pour le méchant » (La méchanceté se retourne contre le méchant car elle reflète l'ignorance dans l'existence). « Quand on est méchant ce n'est pas étonnant que le bonheur des autres nous mette mal à l'aise parce qu'on est ignorant » (Ne pas vouloir du bonheur pour les autres c'est une grande faute d'appréciation de la réalité). « Derrière la condition d'être meilleur il y a toujours une conviction du bonheur » (La conviction du bonheur assiste la conviction d'être meilleur chez l'individu). « Se plaire à faire du mal et se déplaire à le subir voilà la position paradoxale de l'homme méchant » (La méchanceté nous situe dans l'ignorance). « Celui qui choisit d'être méchant choisit de finir perdant » (L'individu qui vit méchant se retrouve perdant). « Vivre méchant n'a rien d'important » (La méchanceté n'a pas d'importance dans l'existence). « Veiller à partager le bien, en cela vous vous faites du bien » (Le bon cœur nous permet de nous faire du bien dans le temps et l'espace). « Entre l'humanité et l'animalité il y a bien une frontière qui s'appelle maturité » (L'humain doit du bonheur à son prochain). « On ne doit pas attendre d'être interpellé dès lors qu'on voit le mal agir il faut réagir sinon directement ou indirectement on est concerné par ses retombées » (La faculté de ne pas laisser faire le mal de près tout comme de loin est un acte responsable). « Le parrain du mal ne fait rien pour soutenir le bien » (Quand le mal s'empare profondément du cœur c'est pour l'affaiblir lourdement). « C'est parce que combattre le mal reviendra à combattre pour le mal quand on s'engage sans raisonner voilà pourquoi il est mieux de réfléchir d'abord avant d'agir ensuite » (La promotion du bonheur passe nécessairement par l'adoption du savoir). « Ne rien faire nous éloigne du bonheur dans la mesure où la provision ne nous tombe pas du ciel ; si la volonté est sincère il faut se déranger pour la cause qu'on souhaite voir arranger » (L'individu doit se déranger mieux pour la cause qu'il souhaite voir arranger dans l'existence). « Rendant heureux, la bonté est bien calculé » (La bonté est bien calculé d'où son importance). « La bonté ne veut rien dire qui ne puisse pas être utile pour la personnalité » (Tout ce que la bonté veut dire est mieux pour la personnalité). « Faire du bien c'est justement la condition sine qua non pour vivre bon » (L'individu qui accepte de faire du bien, vit dans la bonté). « Abuser de la bonté est un crime pour l'humanité : l'abus de confiance est un crime pour l'existence » (L'abus de confiance est bien un crime pour la vie). « La méchanceté a raison de la bonté déguisée, quand le méchant fait semblant d'être bon c'est pour bien quelques temps et non pas tout le temps » (La méchanceté n'incarne pas la bonté sincère du cœur). « C'est bien avec méchanceté qu'on s'oppose à la bonté » (La méchanceté s'oppose justement à la bonté). « En vouloir à la méchanceté est bien un vouloir de bonté » (L'individu qui en veut à la méchanceté est bon dans son vouloir). « On n'est pas bon pour rien dans la mesure où le bien n'est pas rien » (Le choix de la bonté est un choix d'une portée positive pour l'individu). « Mieux vaut s'amuser à être bon plutôt que de s'amuser avec la bonté » (La bonté est bien d'utilité pour la personnalité). « Sans nul doute que la bonne personne est intéressée par la bonne cause » (L'intérêt pour la bonne cause fait la bonne personne). « Venir à l'aide à autrui que soi est un véritable motif de fierté » (La fierté est immense dans le bon cœur). « Le bon cœur est motivé pour bien faire c'est tout » (Le bon cœur nous motive pour bien faire les choses dans la vie). « En quoi le bon cœur est un frein pour le bien-être ? » (Le bon cœur n'est en rien un frein pour le bien-être). « Sage on se soulage, le bon cœur est un remède contre la rancœur » (Le bon cœur guérit volontiers les soucis de l'égoïsme). « Si on n'est pas le seul à vivre on a tort à vouloir être le seul à jouir » (L'individu doit comprendre logiquement que tous les hommes méritent le bonheur ainsi accepter partager tout en se débarrassant de l'égoïsme dans sa conduite est une grande porte de sortie qui fait notre bonheur d'homme nécessiteux). « C'est nécessaire de cultiver le bon cœur pour récolter le bonheur » (L'individu qui cultive le bon cœur récolte le bonheur). « Soyons certains, sans nul doute le bon cœur fait notre affaire » (Le bon cœur fait l'affaire de l'homme intelligent). « Le savoir-vivre passe par le savoir partager ainsi que le savoir tolérer » (La maturité comme qualité fait la joie de vivre dans la communauté). « Celui qui conseille la bonté est utile à l'humanité » (L'humanité profite bien de l'action des individus qui prêchent la bonté dans la conduite). « Il n'y a rien dans la bonté qui n'a pas de lien avec la maturité » (La maturité résonne la valeur de la bonté). « Celui qui est le premier à partager notre difficulté ne doit pas être le dernier à profiter de notre facilité » (Il est bon d'orienter le maximum de gratitude à l'endroit de ceux qui nous aident à supporter fortement les lourdes charges de la vie). « C'est toujours une bonne chose, s'accrocher à la bonne cause ; la conduite qui contribue à promouvoir la bonté est présente dans la maturité » (Accepter de servir avec maturité la bonne cause continuer ainsi c'est une position idéale pour promouvoir le bonheur général). « Il faut exiger la bonté pour renforcer la paix et la cohésion au sein d'une communauté » (L'individu qui s'appuie profondément sur la bonté renforce logiquement la paix et la cohésion au sein de sa communauté). « C'est bien un geste de maturité n'être pas d'accord avec la méchanceté » (L'opposition à l'immaturité est un geste salutaire pour la société).

La justice et l'injustice

« La citation qui ne sert pas de leçon, n'est pas digne d'inspiration en toute précision » (La précision dans l'inspiration c'est cela qui nous aide comme citation). « Au juste la passion de l'inspiration détermine en partie la position du penseur » (La passion de l'inspiration détermine notre position de penseur). « La justice ne peut pas ne pas arranger, celui qui ne s'arrange pas pour détruire » (La justice nous arrange là où l'injustice nous dérange). « J'espère qu'il ne va pas se plaindre de l'injustice celui qui n'appelle pas à la justice » (L'individu qui n'appelle pas à la justice doit bien travailler à ne pas se plaindre de l'injustice). « Ce n'est pas objectif de poser un acte négatif et puis s'attendre à un résultat positif » (Le résultat de la justice n'est pas celui de l'injustice). « S'il nous arrive d'être souvent injuste dans la vie cependant on ne se fait pas injuste pour arriver » (L'individu ne se fait pas injuste pour arriver même s'il lui arrive d'être souvent injuste dans la vie). « C'est non juste que l'injustice n'a pas de suite ; l'argument de l'ignorance a toujours raison de la personne de l'ignorant » (L'injustice n'a pas de suite car n'étant pas juste dans sa valeur alors elle accule l'ignorant qui la suit comme référence). « C'est dans la droiture que réside le salut de la mesure » (La droiture exprime bien le salut de la mesure humaine dans la vie). « Etre ou pas en harmonie avec soi-même est une question d'équilibre au sein de l'esprit humain » (La justesse permet de promouvoir l'équilibre au sein de l'esprit humain). « Le changement viendra de la justice, non pas sans dérangement mais ça profitera à l'arrangement » (La justice promet un changement positif). « Dès lors que la justice ne fait pas notre affaire, on se désengage de notre affaire » (L'individu qui fuit la justice se fait du mal en suivant l'injustice). « C'est juste que la vérité profite et veut tout dire » (La vérité veut tout dire en étant juste tout en nous profitant). « Il faut me séparer de ma tête pour me voir évoluer comme vous le souhaiter voir, vous qui ne voulez nullement pas me voir évoluer raison pour laquelle tout s'arrange à l'encontre de la volonté de celui qui ne veut rien voir arranger ! » (Les choses marchent plaise à Dieu à l'encontre de la volonté de celui qui ne veut rien voir arranger). « Dans l'injustice le sacrifice n'a point de bénéfice » (Le bénéfice utile passe par la justice). « Là où l'injustice nous fait rêver, la justice nous fera réveiller » (La justice fera réveiller celui qui dort par le charme de l'injustice). « Pour vivre en paix il faut vivre concret en outre combattre l'injustice ennemie de la paix » (La vie pacifique demande de combattre l'injustice ennemi de la paix). « L'injustice n'a jamais été une garantie pour la réussite » (L'injustice nuit à la réussite plutôt qu'elle ne la serve). « Celui qui ne prend pas la justice au sérieux doit s'attendre au problème de l'injustice car il la nourrit ; la fait évoluer ensuite elle le nuira voilà pourquoi à aimer ou pas le mal, le mal ne nous a pas aimé, le mal ne nous aime pas et ne nous aimera pas raison pour laquelle elle nous déçoit chaque fois qu'on la place notre confiance » (Le mal ne nous sert à rien, l'injustice fait bien mal pour rien). « S'il n'est pas injuste d'être ; cependant être injuste oui » (Vivre injuste ne nous profite pas). « Soyez modèles dans le travail ; ainsi vos œuvres vous serviront de justes références » (Restez modèles dans le travail c'est servir sa cause). « Celui qui n'a pas le moral ni la morale a du mal à se faire juste car il s'éloigne du bon repère de la vie ! » (L'individu qui s'éloigne du bon côté de la vie a du mal à se faire juste). « La paix sociale passe nécessairement par la justice sociale : quand on dit non à l'injustice la condition c'est la justice ! » (La justice sociale fait la paix sociale à condition qu'on se comporte ainsi). « Tout avantage acquis dans l'injustice aura son retard à rattraper dans la justice » (Quand on abandonne la voie normale c'est pour se mettre en retard). « On ne peut rien gagner dans l'injustice si ce n'est se faire abandonner par l'injustice » (L'individu ne gagne rien dans l'injustice qui puisse lui profiter nécessairement). « Le temps n'a pas raison de la justice cependant le temps donne toujours raison à la justice » (Le temps confirme la raison de la justice). « On ne peut rien confirmer en réalité sans pour autant confirmer la réalité » (L'individu ne peut rien confirmer en réalité sans passer par la réalité). « Ce qu'infirme la réalité c'est bien ce qui est injuste » (Le caractère injuste est toujours infirmé par la réalité). « Toute la réalité est dans la justice c'est tout » (La réalité dans son entièreté est dans la justice). « La justice ne peut pas ne pas nous profiter dans la mesure où c'est juste que la cause nous profite » (La cause juste est exclusivement celle qui nous profite). « Ce qui ne se justifie pas ne nous profite pas » (La justification détermine l'utilité de la chose dans la mesure où la mauvaise chose ne se justifie pas elle ne nous bénéficie pas). « Rien ne nous sert de plus qu'être clair dans la manière » (Le fait d'être clair dans la manière c'est cela qui nous aide logiquement). « Derrière chaque question de solution il y a une condition de précision » (La précision est la condition sine qua non pour atteindre le salut dans la décision). « Partout où on se détourne de la justice on s'éloigne de la solution » (La solution est dans la justesse comme mesure). « Sans se limiter à la justice on ne peut pas justifier sa mesure » (La mesure juste se limite à la manière juste). « Quand on dit oui à la dignité la condition est d'épouser la vérité » (L'individu qui s'ouvre à la vérité dit oui à la liberté). « Quand on ne dit pas non à la justice la condition c'est ne pas cautionner l'injustice au juste on ne peut pas servir le bien et le mal à la fois » (L'injustice ne promet pas la justice). « Suivre la justice c'est vivre dans le bénéfice » (La justice procure le bénéfice certain). « Rien ne justifie l'injustice ! » (L'injustice ne se justifie en rien). « Plus que la parole, la justice c'est le rôle » (La justice doit dépasser le stade théorique pour celui pratique). « On est juste pour tromper quand on trompe avec la justice : le jour où le faire paraitre sera l'égal d'être l'injustice sera l'égale de la justice » (L'injustice sera l'égale de la justice le jour où le faire paraitre sera l'égal de la réalité concrète). « L'erreur peut bien se justifier sans pour autant se fier » (L'individu peut justifier l'erreur sans se fier à la démarche égarée). « Suivez la vérité c'est tout et regardez la justice faire le reste du travail » (La justice fait le reste du travail là où nous la suivons correctement). « Quand on suit la justice c'est qu'on est juste dans le suivi » (L'individu est juste dans le suivi là où il le suit correctement). « Que peut-il attendre de la justice celui qui est bien tendre avec l'injustice ? » (L'individu qui est tendre avec l'injustice ne peut rien faire attendre de bon de la part de la justice). « C'est parce que l'injustice ne nous profite pas voilà pourquoi la justice se nécessite » (La justice est bien nécessaire voilà pourquoi l'injustice se dresse à notre défaveur). « L'injuste n'a point de suite fiable » (L'injuste n'a pas de suite raisonnable). « C'est vraiment ignorer que l'injustice ne nous arrange pas qu'on s'arrange à vivre injuste : tôt ou tard tout arrangement qui se fait dans l'injustice sera dérangé par la justice » (La justice aura toujours raison de l'arrangement mal arrangé). « Le temps aura toujours raison de l'arrangement mal arrangé à travers la justice qu'on le veuille ou pas» (L'arrangement mal arrangé sera dérangé dans le temps par l'action de la justice). « S'arranger pour déranger c'est bien s'arranger à mentir » (L'individu qui s'arrange à mentir détruit sur son passage). « Au moment où on n'a pas intérêt à voir la justice prospérer c'est qu'on s'est arrangé à partir de l'injustice » (L'individu qui s'arrange à faire reculer la justice ne peut pas tirer profit de l'injustice). « L'injustice n'apporte pas quelque chose même quand on en fait sa cause alors pour quoi en faire sa cause » (L'injustice n'est pas une bonne chose). « L'injustice est la cause de celui qui se trompe de cause » (L'injustice est plutôt à mettre en cause qu'à défendre comme cause). « La cause de l'injustice est bien une cause perdue » (L'injustice ne nous profite pas comme cause). « On ne peut rien justifier en étant limité car seule la justice c'est éclairée » (La justice est bien éclairée on ne peut pas tout avoir dans l'injustice). « Il faut bien tenir à la vérité pour se soutenir dans l'humanité » (Tenir à la vérité est bien utile pour se soutenir en réalité). « On peut tout attendre de l'injustice sauf le bénéfice, dans la mesure où il ne faut pas se sacrifier pour une cause injuste il faut au contraire s'assumer pour la cause véridique » (L'injustice ne nous rend pas service même si nous la rendons service). « N'attends pas de l'injustice ce que tu ne peux pas attendre de la justice en cela tu t'honores » (L'injustice est une mauvaise voie). « Comment la vérité peut-elle ne pas être une menace pour celui qui se menace soi-même ?» (La vérité est une menace pour celui qui se menace soi-même car tournant dos à la précision). « On peut bien s'entendre sur une chose, s'entendre autour de la justice, la cause de la justice est la chose qui nous mérite humain éclairé » (La justice nous profite bien en terme de mérite). « Quand on prend la justice au sérieux on se rend à l'évidence face à la menace de l'injustice » (L'injustice nous menace dans l'existence voilà pourquoi l'intelligence nous demande de la contrecarrer). « C'est clair dans la manière qu'on a l'honneur de se justifier » (L'individu juste n'a pas de mal à se justifier). « Il n'est pas étonnant qu'on ait du mal à se justifier quand on se justifie à partir de l'injustice » (L'individu qui passe par l'injustice pour se justifier se justifie mal). « Etre juste dans le compte c'est compter sur la justice c'est tout pour ne pas sortir bredouille de son espérance » (L'individu qui compte sur la justice est juste dans le compte). « Quand on se soucie pour la justice on se soucie pour sa cause » (L'individu qui se soucie pour la justice se soucie pour sa cause). « La juste cause n'est pas en cause » (La juste cause n'est pas à mettre en cause). « On peut juger la réalité justement pour confirmer la réalité du jugement » (La réalité du jugement s'acquière en jugeant la réalité pour l'attester). « La justice n'est pas sans faveur pour celui qui ne se trompe pas de repère : le juste chemin est bien celui certain » (Le chemin juste est bien certain à suivre). « A part rien on ne peut rien attendre de l'injustice ! » (L'injustice ne nous donne rien comme faveur). « Soyons clairs ; la justice fait notre affaire ! » (La justice est claire dans sa démarche elle fait notre affaire en cela). « On est bien conseillé que par la justice » (La justice seule nous conseille bien). « C'est juste d'agir quand on n'agit pas à l'encontre de la justice, rend toi juste ainsi tu vivras heureux » (L'individu qui se rend juste s'assume sagement). « La réussite est dans la justice pour celui qui se soucie bien, on ne peut nullement pas promouvoir la prospérité en s'attachant à la nullité » (La prospérité ne peut pas nous sourire en s'attachant à l'immaturité). « Au juste on est prêt à tout abandonner pour la cause pour laquelle nous sommes convaincus de tout gagner » (L'individu est prêt à tout abandonner pour gagner mieux). « Si la justice fait mal, l'injustice beaucoup plus » (La justice ne peut aucunement pas nous donner le rendement de l'injustice). « Au juste pour l'enfant quand on ne peut plus compter sur le soutien de sa mère il est évident que la vie devienne amère » (Le soutien maternel est un soutien de poids pour l'enfant). « Faire de sa vie son affaire c'est déjà quelque chose de juste à faire » (La justesse nous profite en toute circonstance une fois recommandée). « Celui qui vit au-dessus de sa limite sera limité dans sa vie » (C'est une question de justice seul l'équilibre nous serve de recours). « C'est bien juste de ne s'occuper que de ce qui nous regarde ce qui ne peut nullement pas nous empêcher de prospérer » (L'individu qui s'occupe de ce qui lui regarde prospère à juste titre). « Le type de vie que nous menions détermine le type de vivant que nous sommes » (Le type de vie que nous menions en tant qu'individu détermine Le genre d'individu que nous sommes). « La présence qui n'arrange rien est l'illustration de l'absence qui ne dérange rien » (La présence qui ne pèse pas est le modèle de l'absence qui ne peut rien déranger). « La présence qui n'a pas d'effet n'a d'égal que l'absence qui n'a pas de méfait » (Quand la présence n'apporte rien l'absence ne coûte rien). « Quand la présence n'est pas sincère l'éloignement ne blesse pas le cœur » (Quand le sentiment n'est pas sincère l'éloignement ne fait pas mal au cœur au juste). « Quand l'amour est servi nul doute que le service est aimé, quand la passion de la profession se conjugue à la précision du professionnalisme c'est bien sûr pour servir la qualité » (L'excellence demande un cocktail de passion et de précision). « Aimer la justice c'est bien justifier son amour » (L'individu qui aime la justice, justifie bien son amour). « Si c'est juste humain de demander de l'aide si nécessaire cependant se démarquer pour aider aussi n'est pas inhumain » (Dans la vie la contribution et la réception s'équilibrent mutuellement). « Quand on est passionné, travailler devient rêver au juste » (Le travail devient facile pour celui qui a l'amour du travail qu'il effectue). « C'est digne de travailler car il nous profite soyons juste dans le travail que nous faisions en cela le résultat nous récompensera » (Le travail profite à celui qui l'accomplit dignement). « A part la justice sur mesure, la justice est mesure » (La justice est bien mesurée hormis la justice sur mesure). « Ne pas faire face à un problème dont on n'a pas la force de faire face c'est aussi une grâce de Dieu car humain on est juste imparfait » (La grâce s'exprime également dans la possibilité en terme juste on ne peut pas ne pas faire face à tous les soucis quand on est imparfait). « Au juste c'est parce que rien n'est problème chez Dieu, rien n'est besoin chez Dieu que nous demandions le secours de Dieu face à nos soucis » (Le créateur est différent de la créature). « Pour l'harmonie de l'existence il y a des choses qu'on préfère taire sous silence » (L'existence ne demande pas à tout exposer de son vivant). « La justice confirme la liberté à traiter chacun selon l'égalité » (La liberté dans la manière passe par la justice). « L'important n'est pas de juger mais plutôt raisonner » (La raison est ce qui compte le plus par rapport à la réalisation de la justice). « Il faut juger pour arriver » (La conception d'un projet utile passe par la justice dans la démarche, l'objectivité dans la démarche). « En tout et pour tout la justice s'oppose à la bêtise comme assise » (La justice ne concorde pas avec la bêtise comme assise). « On gagne plus à se faire juste » (La justice est un plus pour la victoire humaine). « C'est juste que la bonne personne se soucie pour la bonne cause » (La bonne personne se soucie pour la bonne cause en étant juste). « On ne peut rien attendre de l'injustice qui ne puisse pas nous déchanter au juste » (L'injustice ne nous arrange nullement pas dans la vie). « L'homme faux s'il se cache c'est parce que tout simplement il est l'annonce de tout ce qu'il dénonce » (L'injustice marche à partir du faire semblant).

La compétence et l'incompétence

« La compétence se confirme par le bon sens comme référence » (Le bon sens reflète nettement la réalité de la compétence). « La compétence est le produit de l'exigence » (Dans l'exigence s'accomplit la compétence). « Souvent la compétence à tout faire c'est la compétence qui ne peut rien faire dans la mesure où imparfait on ne peut pas tout faire » (L'individu imparfait n'est pas compétent partout dans la mesure où il est limité). « Restez évident vous vivrez compétent » (L'évidence dans la manière manifeste la compétence comme repère). « Pour bien competir il faudrait d'abord s'instruire » (L'individu qui s'instruit bien tire profit de sa concurrence). « L'existence est un champ immense de concurrence et de promotion de compétence à vie » (L'existence demande bien la concurrence certaine pour promouvoir la compétence). « Competir ce n'est pas détruire : autre que bon sens est manquement dans la compétence » (La compétence rayonne de manquement dans la mesure où elle s'oppose au bon sens). « L'ignorance est un frein pour la compétence » (L'ignorance n'aide pas à promouvoir la compétence). « La compétence a pour vocation de promouvoir l'amélioration de la condition » (Nous attendons de la compétence un apport positif). « Il faut bien s'attacher à la compétence pour prospérer son existence : celui qui ne s'amuse pas avec la réussite s'engage à promouvoir du jour le jour sa compétence » (Il est bon d'améliorer constamment notre compétence dans l'existence). « Ceux qui ont compris la compétence ne sont pas sans compétence de la compréhension » (La compréhension nous la cernons bien à travers notre compétence de discernement). « Pour preuve de suffisance seule la cohérence suffit comme compétence » (La compétence certaine est dans la cohérence). « Soyons cohérents c'est bien évident » (La compétence est bien évident dans l'existence humaine). « Toute la réalité de la compétence est que la compétence est une réalité pareillement pour l'incompétence » (La compétence tout comme l'incompétence sont toutes deux des réalités contradictoires). « Competir sans savoir c'est aller droit dans le désespoir » (L'individu qui accepte de competir sans savoir tombe dans le désespoir dans sa démarche). « Dans la mesure où la compétence est un travail remarqué le compétent est un travailleur remarquable » (Le travail remarquable fait le travailleur bien modèle). « C'est par son aisance que la compétence nous sert de référence » (La compétence est nettement référentielle par sa qualité). « Savoir faire bon usage de son temps c'est aussi une source de compétence » (L'individu qui sait bien faire usage du temps gagne en compétence). « La compétence se nourrit au fil du temps que nous acceptions d'apprendre de nous mettre en question en vue de résoudre les problèmes de l'existence en cela l'arrogance est une plaie pour la compétence » (La compétence ne s'épanouit pas dans l'arrogance). « C'est aussi une compétence en même temps qu'une référence de vivre le bonheur selon son moyen : nous attendons de la compétence la vocation à apporter de la solution à nos préoccupations en cela l'individu qui arrive à forger la thérapie par l'équilibre mental en permettant à ses prochains de se libérer des décharges négatives de la vie reflète automatiquement une compétence référentielle » (Nous reflétons la compétence vivante en résolvant des problèmes cruciaux). « Outre que le sens, la compétence c'est la cohérence » (La compétence est une question de cohérence en dehors du simple sens). « C'est bien réussie que la compétence consacre le sens » (La compétence consacre le sens une fois bien réussie dans la référence). « On ne peut rien attendre de favorable de la compétence qui ne concorde pas avec la référence du bon sens : la compétence sans intelligence est une incompétence déguisée » (La compétence qui ne concorde pas avec la convenance du bon sens ne peut rien nous donner de favorable). « Quand on tient à la compétence on ne s'amuse pas avec la connaissance dans la mesure où seule la connaissance renforce la compétence utilement jugée » (La connaissance renforce la compétence franchement dit). « Si la compétence est synonyme d'indépendance notons bien qu'on n'est pas compétent dans l'inconscience c'est bien de la cohérence qu'il s'agisse quand on fait parler la compétence » (La compétence traduit la stabilité dans l'approche professionnelle humaine). « Pour atteindre l'excellence la condition c'est la compétence » (La compétence est la condition requise pour atteindre l'excellence). « Réussir demande de competir sans nul doute » (La réussite recommande la compétition). « Pour atteindre la compétence il faut admettre la connaissance » (La connaissance seule nous permet d'atteindre l'excellence). « Derrière chaque travail réussi il y a un travailleur accompli à faire valoir la différence par la compétence » (Le travailleur accompli pose un travail remarquable prouvant sa compétence). « Point de compétence dans le non-sens voilà pourquoi le non-sens n'est pas l'égal du bon sens » (Le non-sens n'incarne point de compétence). « Qui dit que la compétence n'est pas l'intelligence dans la mesure où il n'y a pas de compétence à l'absence de la connaissance ?» (La compétence passe par l'intelligence nécessairement). « La différence par la connaissance c'est la compétence comme référence » (La différence par excellence passe par le bon sens de façon intelligente qu'exprime la compétence sans ambages). « On crée la compétence autour de l'intérêt » (La compétence se crée autour de notre centre d'intérêt). « S'il t'arrive de t'intéresser à quelque chose ; intéresses-toi à toi-même d'abord en cela réside ta compétence dans l'existence dans la mesure où dans l'ignorance de soi nous ne pouvons pas accéder à l'excellence dans le choix » (La connaissance de soi est une arme imposante dans le cadre du renforcement de la compétence humaine). « Celui qui n'est compétent en rien peut bien penser que la compétence n'est rien » (La compétence n'est rien pour celui qui n'est compétent en rien). « La compétence se nourrit de la connaissance, cultivez-vous puis culminez votre bagage intellectuel en cela vous réussirez en toute compétence » (La compétence nous l'obtenons en cultivant la connaissance en soi). « Là où la connaissance nous manque, la compétence nous manque » (La connaissance et l'intelligence vont de pair dans la vie). « La compétence ne sert à rien partout où le compétent est fier pour rien » (La fausse fierté est une compétence ratée). « On ne s'amuse pas avec la compétence quand on ne souhaite pas voir enliser son existence » (La compétence est nécessaire pour l'amélioration de la condition de vie humaine).

L'engagement et le désengagement

« Le sacrifice ne nous donne pas le choix quand on ne souhaite pas voir sacrifier son choix » (L'individu qui ne souhaite pas voir sacrifier son choix s'engage pour le défendre afin de le réaliser objectivement). « S'engager ou se désengager tout n'est qu'une question d'intérêt » (L'intérêt détermine la faim). « Partout où l'engagement nous élève en héro, le désengagement nous rabaisse en zéro » (Là où l'engagement est nécessaire le désengagement n'est pas salutaire). « Quand le savoir nous engage la victoire nous récompense » (La victoire récompense celui qui s'engage pour la cause de la connaissance). « Quand l'engagement est à ma défaveur, humblement je juge nécessaire le désengagement » (Il faut se désengager pour profiter là ou l'engagement n'est pas salutaire). « Partout où l'engagement est un problème le désengagement est une solution » (Le désengagement devient une solution là où l'engagement devient un problème). « L'engagement à tout faire, c'est l'engagement qui fait souvent peur » (L'engagement sans discernement est l'engagement de tous les désagréments). « S'engager à ne rien faire est bien un engagement qui ne fait pas notre affaire » (L'engagement qui ne nous sert à rien est bien celui de ne servir à rien). « Celui qui est engagé à bien faire n'est pas engagé à ne rien faire » (L'engagement à bien faire n'est nullement pas l'égal d'un engagement à ne rien faire). « C'est précis que l'engagement rende service » (L'engagement qui nous rend service est bien précis). « Quand la réussite nous préoccupe on s'engage pour la juste cause » (L'individu qui se préoccupe pour la réussite s'engage pour la juste cause). « Quand le désengagement fait notre affaire c'est que l'engagement n'est pas la manière » (Là où le désengagement nous rend service l'engagement ne nous conforte point). « S'engager est une question de vie quand on souhaite promouvoir sa cause » (L'engagement est une question de vie pour assumer sa personnalité). « Le désengagement de l'erreur est toujours à la faveur de l'acteur » (Le désengagement de l'erreur est à la faveur de l'acteur). « L'engagement de tous les dangers est bien un engagement qui ne s'oppose à aucun danger » (L'engagement incertain ne s'oppose à aucun danger). « Face à l'enjeu c'est s'engager qui fait le jeu » (L'enjeu demande de s'engager pour réussir). « Il est important de s'engager quand on souhaite vivre heureux » (L'engagement est bien nécessaire pour promouvoir la faveur). « L'erreur ne nous engage à rien d'utile » (L'erreur n'est intéressante en rien). « Il faut-être convaincu de quelque chose pour s'engager ou se désengager d'une cause » (L'engagement et le désengagement s'opère sur la base de la compréhension). « L'engagement qui se fait à notre détriment se pense nullement » (L'engagement incertain se situe dans l'immaturité). « Ce n'est pas assez de s'engager s'il faut s'assumer » (Là où il faut s'assumer l'engagement doit se faire pour l'éternité étant une question dignité). « Quand on s'engage à ne pas réussir, on s'engage sans réfléchir » (L'individu qui s'engage à ne pas réussir s'engage sans réfléchir). « Il n'y a point de désagrément dans l'engagement qui se détourne du déraisonnement » (L'engagement fructueux passe par le raisonnement certain). « Pour réussir sa vie la condition c'est s'investir : l'investissement soutient l'aboutissement» (L'investissement appuie l'investissement). « Quand on est intelligent on ne s'engage pas contre la vérité mais plutôt pour la vérité, l'effort à tort ne mène pas au confort » (L'effort à tort ne nous aide pas voilà pourquoi il faut penser intelligemment l'engagement). « Il ne faut pas prendre l'engagement à la légère si nous tenons à l'aboutissement de notre vie, quand on prend la vie au sérieux nullement le sérieux ne nous empêche pas de mieux vivre » (L'individu qui prend la vie au sérieux n'oublie pas l'importance de l'engagement pour la réussite). « L'engagement à bien faire est bien à la faveur de tout acteur épris du développement : chaque mission réussie passe par une ambition bien définie » (L'ambition bien définie fait la réussite d'une mission quelconque). « L'ambition à bien faire est bien à notre faveur » (L'ambition qui nous sert de faveur est une ambition qui nous pousse à bien faire). « L'intelligence dans l'engagement place le raisonnement dans l'agencement : la chose intelligente se planifie consciemment » (L'intelligence est l'assise de l'engagement réussi). « Quand notre souci est bien de réussir mais comment peut-on ne pas s'investir ?» (L'individu qui souhaite arriver cherche à s'engager positivement dans la vie). « Celui qui ne respecte pas son engagement n'aura pas de respect dans son engagement » (L'individu qui ne respecte pas son engagement ne gagne pas de respect dans son engagement). « Dans la mesure où le défi ne demande pas l'avis de quelqu'un pour l'attaquer, l'humain ne doit jamais baisser ses gardes pour faire face aux défis » (L'individu avisé doit-être permanemment sur ses gardes pour réussir face aux défis de l'existence). « Le charme de l'engagement est dans le défi à relever pour réussir » (L'engagement passe nécessairement par un défi à relever). « Si on doit s'attendre à quelque chose c'est bien la réalité, pareillement quand on doit s'investir pour quelque chose c'est pour la vérité nécessaire pour promouvoir notre cause » (La vérité seule promet notre cause en terme d'engagement). « S'engager pour la justice est bien un engagement jugé utile » (L'utile engagement se positionne en faveur de la justice). « S'engager contre la vérité c'est décoller pour ne pas arriver » (On ne peut pas s'engager contre la vérité et puis gagner son engagement). « Quand on croit en sa cause mais pourquoi ne pas s'engager pour la réaliser, s'il est important d'avoir un rêve il est plus important de savoir le matérialiser » (L'individu intelligent est celui qui sait matérialiser positivement son rêve à travers un engagement certain). « Quand on est engagé à ne rien faire c'est le moment de s'en faire pour l'esprit clair » (Etre pour ne rien faire ne fait pas notre grandeur en tant qu'individu de besoin). « Tant qu'on aura besoin de quelque chose dans l'existence on sera obligé de s'engager pour sa cause » (L'individu qui aura besoin de quelque chose dans l'existence s'engage pour sa cause en vue de la réaliser). « L'engagement est une nécessité pour sa personnalité » (L'individu doit s'engager nécessairement pour sa personnalité en vue de s'assumer). « C'est parce que la vie est bien plus qu'un jeu en cela je comprends bien la nécessité de s'engager pour s'assumer » (La vie demande l'engagement pour l'amélioration de la condition d'existence de l'humain que nous sommes). « Quand il s'opère à notre faveur, l'engagement s'opère contre l'erreur » (L'erreur ne nous profite en rien mieux vaut en cela s'engager pour le bon sens). « L'engagement est question de rendement » (L'engagement passe par le rendement). « Quand on n'est pas sans exister s'engager est une nécessité » (L'engagement est nécessaire pour celui qui souhaite s'assumer dans la vie). « Ce n'est pas sans passion que s'oriente la décision en guise d'engagement » (La passion oriente la décision en terme d'engagement). « Quand on s'engage sans réfléchir, on s'engage pour tout détruire » (L'action illusoire n'a point d'espoir). « La bonne personne se motive pour la bonne cause » (La bonne cause motive la bonne personne). « L'amour de l'engagement ne donne pas le choix à l'amoureux de s'engager pour ce qu'il aime » (L'amour de l'engagement est dopant pour l'amoureux vis-à-vis de ce qu'il aime). « Là où le désengagement est une solution c'est que l'engagement pose problème ! » (L'engagement pose problème partout où le désengagement est une solution). « Celui qui s'oppose à la précision s'oppose en toute imprécision, le temps aura raison de l'engagement mal arrangé » (L'engagement mal arrangé sera défait par le temps). « On s'engage à vie pour donner vie à ce à quoi on rêve ! » (Il est important de s'engager à vie pour donner vie à son rêve dans l'existence). « Dans le laisser aller, tout marche pour que finalement rien ne marche ! » (Le laisser aller n'est pas approprié pour promouvoir notre épanouissement). « Dans le laisse aller on s'arrange à tout faire pour finalement ne rien pouvoir faire peu importe sa nature le désengagement est un frein pour l'engagement » (Le laisser aller nuit à la volonté de la réussite).

La réussite et l'échec

« Quand notre réussite dépend de l'échec des autres nul doute c'est que nous sommes égoïstes ! » (L'égoïsme se signale par la volonté de ne voir nul autre s'épanouir si ce n'est soi-même). « Celui qui ne prie pas pour voir les autres réussir, ne réussira pas dans sa prière car tout arrangera contre la volonté de celui qui ne veut rien voir arranger » (La négativité à l'encontre de la réussite des autres est un comportement à ne pas entretenir pour celui qui souhaite arriver). « Oui la réussite fait rêver cependant il ne faut pas se limiter à rêver pour arriver » (L'individu qui souhaite arriver dans sa vie ne doit pas se limiter au rêve pour triompher). « La réussite est réservée à ceux qui ne se réservent pas pour réussir » (Donner vous sans réserve afin d'atteindre le niveau de réussite qui vous est réservé). « Quand on souhaite réussir, la condition c'est travailler, c'est quand on s'oppose à la cause du travail que nous mettions la réussite en cause » (Le travail est nécessaire pour réussir). « Au lieu que la réussite te fasse rêver, plutôt laisse toi rêver par le travail car on ne réussit pas sans travailler » (L'individu doit rêver du travail pour pouvoir atteindre la réussite pleinement). « Meilleur n'est pas celui qui place le travail par derrière » (L'excellence demande de bien travailler pour réussir). « Avant de s'investir dans quoi que ce soit, il faut d'abord avoir la conviction de réussir » (La conviction de la réussite nous permet de renforcer notre démarche du développement). « La réussite est bien une question de bon principe, mieux nous entretenons notre principe modèle, plus nous maximisons notre chance de réussir, moins nous l'entretenons moins nous le renforçons » (Le principe de la réussite a rapport avec la clarté du principe, ainsi que notre degré d'attachement en vue de le voir réaliser). « La meilleure manière de dépasser l'échec c'est se dépasser pour réussir » (L'individu qui se dépasse pour réussir jouit d'une bonne arme contre l'échec). « C'est bien faire l'affaire de l'échec ne rien faire pour se garantir la réussite comme il se doit ! » (Quand on accepte de se rendre face à l'échec nous servons par-là la cause de l'échec). « Si ce n'est pas mal de compter sur les autres pour réussir ce n'est pas bien de limiter sa réussite au compte des autres ; le succès que nous attendions exclusivement des autres est un échec déguisé pour sa cause alors si nous sommes pourquoi ne pas s'assumer ? » (Nous occupons consciemment une place importante dans le cadre de l'élaboration de notre réussite). « La réussite ne fait pas l'affaire de celui qui ne fait pas du travail son affaire ! » (La réussite fait notre affaire seulement quand nous faisons du travail notre affaire). « Ne t'attends pas à la faveur de la réussite tant que tu places par derrière le travail » (L'individu qui place par derrière le travail n'est pas récompensé par la réussite). « Le labeur est toujours élémentaire pour finir vainqueur : on est meilleur que de sueur » (La place du travail est bien indispensable dans la réalisation de la réussite quelle qu'elle soit). « Vouloir la réussite et en vouloir au travail, c'est arriver sans décoller » (La logique ne peut pas nous emmener à vouloir le progrès et puis à en vouloir au travail qui nous mène à la consécration). « C'est simple il n'est pas question de réussir là où il n'y a pas condition de travailler » (La condition du travail accompagne chaleureusement la question de la réussite). « Si la quête de la réussite fait souffrir, la fatalité de l'échec fait beaucoup plus : si tu me vois abandonner quoi que ce soit c'est que je n'étais pas bien engagé, sinon la juste cause se défend à vie ainsi quoi qu'il arrive dans la persévérance j'arrive plaise à Dieu ! » (Sachons garder le rythme de l'engagement si nécessaire pour atteindre notre idéal de réussite). « Prends plaisir à voir les autres réussir, mieux aidez-les à atteindre le bonheur, démarques-toi par ton bon cœur, persévères ainsi, plaise à Dieu je t'assure rien ne t'empêchera de réussir tôt ou tard peu importe le temps » (C'est une grande marque d'humanité le fait de vouloir la réussite pour tous on s'ouvre la porte de la réussite au mieux). « Que celui d'entre nous qui n'a jamais voulu réussir un jour s'oppose pour toujours à la réussite des autres ? Tout pour soi rien pour les autres c'est dans l'égoïsme que ça se passe ». (La réussite dans l'égoïsme se centralise sur la personne de l'égoïste). « Quand la réussite des autres nous fait mal au cœur c'est qu'on a un mauvais cœur » (Le mauvais cœur nous éloigne du travail à faire pour se garantir la réussite). « Il faut-être ignorant pour ne pas le savoir celui qui ferme la porte de l'échec aux autres s'ouvre largement celle de la réussite : plaise à Dieu quoi qu'il se passe, le bon cœur s'en sort vainqueur » (Aimes-voir les autres réussir ainsi tu réussiras plaise à Dieu). « Il faut servir pour toujours si on souhaite régner un jour » (Le succès demande la prouesse). « Quand on devient un souci pour le souci mais comment ne pouvons-nous pas relever le défi ? » (Arriver à faire face avec intelligence au défi est un moyen conséquent de promouvoir notre réussite). « Dans la vie si tu souhaites te faire connaitre, apprend à connaitre d'abord » (Après le travail bienfait, vient la gloire). « Sérieusement quand on est engagé pour réussir on ne peut pas se désengager du travail » (Le travail bienfait promet la réussite). « En ayant tout pour convaincre qui dit que le meilleur n'est pas travailleur » (L'activité mène à la réussite). « L'affaire de réussite est bien plus qu'un jeu mais un enjeu » (La réussite découle de l'enjeu plutôt que du jeu raison pour laquelle il faut s'engager pour réussir). « Le bon caractère a pour seul critère la bonté » (La bonté est le critère qui soutient le bon caractère). « Quand l'échec ne nous dérange pas mais pourquoi ambitionner pour la réussite » (L'individu qui se plait dans l'échec ne fait rien pour atteindre la réussite). « La réussite pensée sans le travail est un échec déguisé » (Sans travail la réussite n'est rien). « La réussite à tout faire est une réussite qui fait peur, tôt ou tard l'excès aura raison du succès quel que soit sa nature » (La réussite s'entretient dans la maturité faute de quoi elle sera balayée par l'immaturité). « Condamnes-toi à réussir ainsi tu te libéreras de l'échec plaise à Dieu » (L'individu qui se condamne pour réussir se libère de la voie de l'échec). « Nous entretenons la cause de l'échec là où nous nous détournons de la volonté de la réussite justement la voie qui ne mène pas à la prospérité n'empêche pas la faillite » (La position contraire de la réussite est une position mal pensée). « Ayons d'abord le travail à cœur c'est ce qui peut nous positionner bien au cœur de la réussite » (Appliquons nous au travail si nous souhaitons bien réussir). « Pour pouvoir prospérer la condition est bien de travailler : celui qui ne se trompe pas de réussite ne trompe pas pour réussir » (Le travail bienfait, est bien une condition indispensable pour la réussite durable).

La souffrance et la jouissance

« Soyons franc, l'existence n'est pas sans souffrance du tout » (La souffrance fait partie de la vie qu'on le veuille ou pas). « Comment peut-on ne pas souffrir quand on s'engage pour réussir dans la mesure où tout d'utile est difficile ? » (La souffrance est bien inhérente à la vie humaine). « Martyr nous connaissons la puissance de la souffrance quand nous acceptons de faire changer les choses car ce n'est pas sans sacrifice aucun qu'on arrive à se sacrifier pour ce qu'on n'aime pas voir sacrifier dans la vie » (L'esprit martyr exprime la grandeur du sacrifice pour arriver à réaliser un travail remarquable pour l'amélioration du quotidien de la communauté). « Celui qui ne veut jamais souffrir un jour n'est pas prêt à réussir pour toujours » (La vie ne se passe pas de toute souffrance). « En toute souffrance utile il y a une cause utile » (La cause utile passe nécessairement par un sacrifice utile). « Si la souffrance ne nous est pas destinée personnellement c'est qu'on peut réussir vaillamment, en s'engageant le bras le corps » (L'individu qui s'engage le bras le corps à s'épanouir face à la souffrance pourra plaise à Dieu s'équilibrer). « La punition est une leçon pour celui qui fait bon usage de sa compréhension » (La souffrance nous enseigne, nous le comprenons intelligemment à travers les circonstances du temps). « Arranges-toi à ne pas être la cause pour laquelle quelqu'un souffre en cela tu vivras une existence modèle hautement consciente car en quoi avons-nous droit de faire pleurer autrui à qui nous réclamions le droit de nous faire jouir ? » (La conscience est bien garante pour mieux coordonner l'interaction des hommes dans la société afin qu'ils ne soient pas les uns à la base de souffrances des autres). «Toute souffrance a une raison sans que la raison ne fasse forcément souffrir » (La raison ne fait forcément pas souffrir mais toute souffrance à une raison en réalité). « Face à la souffrance c'est difficile de prouver la puissance, peu sont ceux qui arrivent à tenir des épreuves exceptionnels voilà pourquoi il y a peu de vainqueurs hors-pairs » (La souffrance réduit généralement à l'impuissance, peu d'entre nous sont ceux qui arrivent à tenir face aux grandes épreuves de la vie). « Si notre volonté n'est pas de souffrir à jamais on doit savoir se retenir des choses qui ont été à la base de notre souffrance pour toujours : en vue de ne pas regretter sa vie à jamais il faut tacher à ne pas répéter les mêmes erreurs à jamais » (Le remède à la souffrance est de savoir faire bon usage des leçons de la vie). « Jouir pour détruire ce qu'on a du souffrir pour construire c'est dans l'inconscience que ça se passe : à jamais l'ignorance est la mère des souffrances » (L'ignorance mène à la souffrance profonde). « Laisser faire l'inconscience c'est vraiment faire le travail de la souffrance » (L'individu qui laisse faire l'inconscience fait le travail de la souffrance). « Ne t'amuses pas pour perdre ce que tu as souffert pour gagner si réellement tu reconnais la valeur de l'effort » (Il est important de savoir bien protéger nos biens). « Je trouve normal de souffrir s'il faut souffrir pour vaincre le mal : point de jouissance sans souffrance » (La souffrance est utile pour celui qui souhaite vaincre le mal). « Il n'y a rien d'utile qui puisse faire souffrir pour rien » (La chose utile n'a pas vocation à nous faire souffrir pour rien). « Oui si ce n'est pas mal de souffrir, souffrir pour le mal non ! » (Il n'y a rien d'utile à ce qu'on souffre pour rien). « Connaitre l'existence pour ne pas connaitre la souffrance pur non-sens ! » (L'individu ne peut nullement pas connaitre l'existence sans pour autant connaitre la souffrance). « Malgré les souffrances, l'existence n'est pas sans importance raison pour laquelle la persévérance se nécessite » (La nécessité de la persévérance donne l'importance requise à l'existence de l'individu). « Quand la vie est en jeu l'enjeu est important ainsi, la souffrance qui menace notre existence est à prendre fortement au sérieux » (Nous devons prendre fortement au sérieux toute souffrance qui menace notre existence). « Derrière chaque volonté de réussir figure une nécessité de souffrir » (Il faut s'investir pour réussir, souffrir si nécessaire pour s'épanouir durablement). « Ce n'est pas sans compter sur la souffrance qu'on arrivera à l'aisance » (Point de jouissance sans souffrance). « Souffrez pour la bonne cause après vous serez heureux » (La souffrance utile ouvre la voie au bonheur durable pour l'individu). « Supporter la difficulté n'est pas à la portée de toutes les personnalités voilà pourquoi n'est pas téméraire qui le veut » (La témérité est une qualité qui n'est pas à la portée de tous dans la mesure où nous ne tenons pas tous de la même façon face à la difficulté). « Dès fois il faut bien supporter la souffrance pour conforter sa puissance » (La persévérance participe à la consolidation de la condition de vie humaine une fois bien pensée). « Positive ou négative, la souffrance n'est pas sans conséquence pour l'existence » (La souffrance n'est pas sans conséquence pour l'existence peu importe sa qualité). « Quand on ne dit pas non à l'existence, la condition c'est la souffrance » (La souffrance fait partie de l'existence inévitablement). « Quand on prend son existence au sérieux, pour s'assumer nullement la souffrance ne nous fera reculer » (L'individu engagé pour honorer son existence accepte de faire le sacrifice certain). « C'est bien s'éloigner de la facilité à vie que de s'accrocher à la facilité à vie !» (L'individu qui s'accroche à la facilité à vie s'éloigne bien de la facilité dans la vie). « On ne peut rien faciliter dans la vie, sans comprendre la difficulté de la vie : arriver à simplifier quelque chose demande de comprendre la difficulté de la chose » (L'individu qui arrive bien à faciliter quelque chose arrive à comprendre la réalité de la difficulté qui concerne cette cause). « On ne peut rien simplifier à partir de rien voilà pourquoi la complication a toujours raison de la solution sans raison » (La souffrance ne se guérit pas dans l'ignorance). « Celui qui nous conseille le mal, nous conseille la souffrance » (L'individu qui nous pousse à adopter une conduite égarée nous oriente à tomber dans la souffrance). « Nul doute que l'ignorance est une menace pour l'existence » (L'ignorance est une menace certaine pour l'existence). « Pour efficacement combattre la souffrance il faut évidemment comprendre l'ignorance » (L'individu qui doit efficacement combattre la souffrance s'appuie justement sur la connaissance). «

Il faut compter sur la difficulté pour combler la personnalité, dans la mesure où la preuve efficace se nécessite face à l'épreuve de l'existence » (L'épreuve de l'existence passe justement par la difficulté, la nécessité de promouvoir de solutions idoines face à ces soucis). « Il n'y a aucun souci à souffrir pour le bien, car il s'agit d'agir pour réussir » (La bonne cause ne fait pas souffrir pour rien). « La meilleure manière de tirer profit de sa souffrance, est de ne pas souffrir au profit de l'ignorance : attendre un résultat positif d'un travail négatif c'est ne pas être objectif » (L'individu qui souhaite tirer profit de son sacrifice doit-être juste dans son orientation). « La société dans laquelle les premiers à se sacrifier pour une cause communautaire, sont les derniers à être honorés est une société ingrate, mal structurée qui ne fait pas la promotion de la réussite sa préoccupation fondamentale ! » (Il est important que la reconnaissance de l'effort exceptionnel des uns et des autres soit une réalité pour valoriser le travail des hommes dans la société). « Quand on est attachée à la cause de l'ignorance on ne doit pas seulement s'attendre à l'arrivée de la souffrance, pire à sa perpétuité à ses côtés » (Quand on ne souhaite pas vivre dans l'éternelle souffrance il faut savoir s'éloigner de l'ignorance qui nous expose aux ennuis de toutes sortes). « Malgré la souffrance qu'elle cause, on a beaucoup à gagner à ne pas se laisser gagner par la défaite » (Il est important de savoir se relever face aux épreuves quelles qu'elles soient plaise à Dieu). « Pour sa cause on est bien pour quelque chose, peu importe qu'on suive le bien ou le mal comme cause » (L'individu a un rapport avec la cause qu'il défende en bien ou en mal peu importe que cela génère de la souffrance ou de la jouissance). « Persévérez pour surmonter la solitude, quand on vous fuit parce que vous êtes sincères c'est que vous êtes meilleurs » (La souffrance qu'engendre la solitude de l'homme véridique est une souffrance bénie car ceux qui l'ont rejeté à cause de la vérité tôt ou tard finiront par lui reconnaitre sa clarté). « La seule violence nécessaire est celle qui s'opère sur soi-même en vue de contenir ses envies démesurées : plus on est maitre de sa vie, moins on est esclave de ses désirs » (L'individu qui est maitre de sa vie n'est pas esclave des envies futiles qui ne concordent pas avec la stabilité de son existence). « Même souffrant je me veux gagnant plaise à Dieu : si vous voyez le défi me faire reculer c'est que je n'étais pas bien engagé » (La souffrance n'a pas raison de la persévérance de l'individu téméraire le plus généralement).

Printed by Books on Demand GmbH, Norderstedt / Germany